DISCLAIMER

The author and publisher are providing this book and its contents on an "as is" basis and make no representations or warranties of any kind with respect to this book or its contents. The author and publisher disclaim all such representations and warranties, including but not limited to warranties of merchantability. In addition, the author and publisher do not represent or warrant that the information accessible via this book is accurate, complete, or current.

Except as specifically stated in this book, neither the author nor publisher, nor any authors, contributors, or other representatives will be liable for damages arising out of or in connection with the use of this book. This is a comprehensive limitation of liability that applies to all damages of any kind, including (without limitation) compensatory; direct, indirect, or consequential damages; loss of data, income, or profit; loss of or damage to property; and claims of third parties.

BESTACTIVITYBOOKS.COM

FIRST EDITION - Published 2022

Extra Graphic Material From: www.freepik.com
Thanks to: Alekksall, Starline, Pch.vector, Rawpixel.com, Vectorpocket, Dgim-studio, Upklyak, Macrovector, Stockgiu, Pikisuperstar & Freepik.com Designers

This Book Comes With Free Bonus Puzzles

Available Here:

BestActivityBooks.com/WSBONUS20

5 TIPS TO START!

1) HOW TO SOLVE

The Puzzles are in a Classic Format:

- Words are hidden without breaks (no spaces, dashes, ...)
- Orientation: Forward & Backward, Up & Down or in Diagonal (can be in both directions)
- Words can overlap or cross each other

2) ACTIVE LEARNING

To encourage learning actively, a space is provided next to each word to write down the translation. The **DICTIONARY** allows you to verify and expand your knowledge. You can look up and write down each translation, find the words in the Puzzle then add them to your vocabulary!

3) TAG YOUR WORDS

Have you tried using a tag system? For example, you could mark the words which have been difficult to find with a cross, the ones you loved with a star, new words with a triangle, rare words with a diamond and so on...

4) ORGANIZE YOUR LEARNING

We also offer a convenient **NOTEBOOK** at the end of this edition. Whether on vacation, travelling or at home, you can easily organize your new knowledge without needing a second notebook!

5) FINISHED?

Go to the bonus section: **MONSTER CHALLENGE** to find a free game offered at the end of this edition!

Want more fun and learning activities? It's **Fast and Simple!**
An entire Game Book Collection just **one click away!**

Find your next challenge at:

BestActivityBooks.com/MyNextWordSearch

Ready, Set... Go!

Did you know there are around 7,000 different languages in the world? Words are precious.

We love languages and have been working hard to make the highest quality books for you. Our ingredients?

A selection of indispensable learning themes, three big slices of fun, then we add a spoonful of difficult words and a pinch of rare ones. We serve them up with care and a maximum of delight so you can solve the best word games and have fun learning!

Your feedback is essential. You can be an active participant in the success of this book by leaving us a review. Tell us what you liked most in this edition!

Here is a short link which will take you to your order page.

BestBooksActivity.com/Review50

Thanks for your help and enjoy the Game!

Linguas Classics Team

1 - Antiques

ற	ஓ	ஐ	ஓ	வ	அ	ச	◌ா	த	◌ா	ர	ண	ல	த	ஆ
த	வ	ஞ	ஐ	ஞ	◌ி	ஆ	ம	த	◌ி	ப	◌்	ப	◌ு	ஊ
ந	ச	ட	◌ு	ண	◌்	ற	◌ா	ற	◌்	◌ூ	ந	ற	ஜ	ஜ
ழ	த	உ	ற	ந	ண	ள	◌்	க	ங	◌்	ய	ண	◌ா	ந
ஹ	ஓ	ன	ண	க	ஆ	ச	ம	க	ஜ	ஐ	ஐ	த	உ	ந
ண	ம	ள	ந	ை◌	ட	உ	ர	த	இ	ற	ஜ	◌ொ	ண	ே◌
த	ம	வ	◌்	ல	ே◌	ர	த	ந	ஞ	எ	ம	க	◌்	ர
அ	ல	ங	◌்	க	◌ா	ர	ம	◌ா	ன	த	◌ு	◌ு	ம	◌்
ஜ	ன	ஆ	ந	ய	ங	ஞ	ே◌	ர	அ	ஸ	ஓ	ப	ை◌	த
ஈ	க	ஸ	வ	ம	ம	◌்	ப	ற	◌்	◌ி	ச	◌்	ய	◌்
ம	◌ு	த	ல	◌ீ	ட	◌ு	ட	ஐ	ஞ	ம	ழ	ப	◌ா	த
ஐ	ஹ	ஏ	ஜ	ர	ச	ஓ	ஏ	◌ா	ங	ழ	ஹ	◌ு	ன	◌ி
ே◌	ஒ	ள	ல	ை◌	◌ி	வ	ல	ஈ	ப	ஊ	ல	ஜ	த	ய
ப	ழ	ை◌	ய	ம	ஏ	ஆ	ஒ	ய	வ	ள	ஈ	ஸ	◌ு	◌ா
இ	ஹ	இ	ஐ	ண	◌்	ர	ஸ	ஜ	ற	ம	த	ழ	இ	ன

கலை
ஏலம்
உண்மையானது
நூற்றாண்டு
நாணயங்கள்
அலங்காரமானது
நேர்த்தியான
தளபாடங்கள்
தொகுப்பு
முதலீடு
நகை
பழைய
விலை
தரம்
சிற்பம்
உடை
விற்க
அசாதாரண
மதிப்பு

2 - Food #1

எ இ ல வ ங ◌் க ப ◌் ப ட ◌் ட ◌ை ஹ
ல ஒ ஞ ஜ ச ந வ ◌ெ ங ◌் க ◌ா ய ம ◌்
◌ு வ ப ◌் ◌ூ ச எ ண த இ ச ◌ே ஏ உ ட
ம ஞ ◌ா ◌ே ய ங ஐ ஆ ங க ச ஓ ஸ ப ர
◌ி ல ர ◌ை க க ◌் ◌் ர ச ◌ே ◌ே ண ◌் ◌்
ச வ ◌் ச ன ஜ ஏ எ ல ந ஸ ர ம ப ன
◌் ◌ே ல ச ◌ா ல ட ◌் ஸ ம த ஏ ட ◌ு ◌ி
ச ர ◌ி ப ள ஈ ஊ ஹ ஊ த ஆ ள ஞ ◌் ப
◌ை ◌் ங ◌ூ எ ஸ ர ல ற ஹ ட க ன ஆ ◌்
ஓ க ன ண ள ஸ உ ம ஞ ஈ ச ◌ு ண ஜ ஜ
எ ◌் ம ◌் ழ ப ம ◌ை த ◌ு ◌ா வ ன ஊ ◌ூ
ன க ய ட த ◌ு ள ச ◌ி ன ப வ ன ◌ா ஸ
ஸ ட ஒ ◌ு ஐ ஈ ஏ க ஹ அ ங ◌ா ர ச ◌்
ங ல ப ◌ே ர ◌ி க ◌் க ◌ா ய ◌் ல ஒ ஐ
ந ◌ை உ ர ◌ி ர ◌் ப ◌ெ ர ◌ா ட ◌் ◌் ஸ

வாதுமை பழம்
பார்லி
துளசி
கேரட்
இலவங்கப்பட்டை
பூண்டு
ஜூஸ்
எலுமிச்சை
பால்
வெங்காயம்
வேர்க்கடலை
பேரிக்காய்
சாலட்
உப்பு
சூப்
ஸ்ட்ராபெர்ரி
சர்க்கரை
டுனா
டர்னிப்

3 - Measurements

ந	த	ந	க	◌ே	ஏ	இ	ல	ய	எ	ஸ	ம	ந	ன	ச
ம	த	◌ி	க	◌ு	◌ொ	த	ஒ	ஊ	ஏ	◌ே	ள	வ	ந	ஓ
க	ஐ	ற	ப	◌ை	ட	◌்	ச	ர	◌்	ட	ட	◌்	◌ீ	ம
உ	◌ி	◌ை	அ	ங	◌்	க	◌ு	ல	ம	◌்	◌ை	ன	ள	◌்
அ	ய	ல	அ	ஆ	◌ே	க	ழ	ஞ	◌்	அ	ர	ட	ம	ர
ழ	ற	ர	◌ூ	◌ோ	ழ	ழ	ஞ	ஸ	ட	க	◌ெ	ஏ	◌்	◌ா
ஏ	எ	ஸ	ம	ம	ல	ம	ச	எ	ம	ல	ச	ல	ல	◌ி
வ	ய	ஸ	ஏ	◌்	◌ீ	◌ை	◌்	இ	◌ி	ம	◌ீ	ற	ந	க
ற	எ	◌்	ஒ	ந	ஹ	ட	ர	த	◌ி	◌்	ச	த	க	ஒ
ன	ற	ன	எ	வ	ச	எ	◌்	ஐ	ந	ல	◌்	ச	ஈ	ஓ
ப	ட	◌்	ட	ம	◌்	க	ட	ட	இ	ஊ	ர	ம	ஈ	ல
ஊ	ண	◌ு	ள	உ	ஏ	ஏ	ட	வ	ர	உ	◌ி	ம	ஓ	ழ
ஆ	ள	வ	ஆ	ங	அ	ம	◌்	ஹ	ஓ	◌்	ய	◌்	உ	ற
ழ	◌ே	அ	க	ழ	ஞ	த	◌ி	ச	ர	ஆ	ஆ	உ	ச	ங
◌ே	ல	ஐ	◌ே	ல	ம	ன	ல	ங	வ	ஆ	ஸ	ன	ஊ	உ

பைட்
தசமம்
பட்டம்
ஆழம்
கிராம்
உயரம்
அங்குலம்
ஆயிரச்சீரெடை
கிலோமீட்டர்
நீளம்

லிட்டர்
நிறை
மீட்டர்
நிமிடம்
அவுன்ஸ்
டன்
தொகுதி
எடை
அகலம்

4 - Farm #2

எ ங வ ா த ் த ு ப க ோ த ு ம ை
ம ஞ உ எ வ ண ல ஈ ழ த ள ம உ ஜ இ
் ஒ ம ஈ ி ஐ ன ங ு உ ய ழ ங இ ஜ
ன ல ஹ ல ல ஞ அ ல த ஏ ஆ க ஸ ஒ ற
ச ம அ ப ங இ ஞ எ ் ள ல ே உ வ ஞ
ப ஏ த ா ் ஆ ஓ ஸ த ஆ ஈ ஞ ழ ஒ ஸ
ா ஆ த ர க ண ப ா ல ் ட ம வ ன ஊ
ப ங ஸ ் ு உ ப ற ஒ ய வ ு ர ற ற
் ர ே ல க ண ழ எ ஒ ந உ ஏ ் ம ி
ர ள ு ி ள வ ம ் ய ச ி ் ஞ ள க
் ம ற ப ் ு ் ன ங ஈ ஐ வ ண ம ய
ீ ே ஐ உ ் ே ச க ய ஈ ல ஆ ள ந ்
ந ஏ ஆ அ ஈ ப உ ள ர ஞ ா ஸ உ ர ா
ஞ ன ண ஹ ஜ ங ு ங ஈ த ம ஏ க ஹ க
ட ி ர ா க ் ட ர ் ய ா ர உ ஞ ள

விலங்குகள்
பார்லி
களஞ்சியம்
பருப்பு
வாத்து
உழவர்
உணவு
பழம்
நீர்ப்பாசனம்
லாமா
பால்
பழுத்த
ஆடு
வளர
டிராக்டர்
காய்கறி
கோதுமை

5 - Books

த	வ	ஐ	உ	ஹ	ஊ	ஊ	ள	த	ை	ி	வ	க	ச	ப
ே	ஓ	ஒ	அ	ல	ங	எ	ள	ொ	ச	ஹ	ஊ	ழ	ே	க
ப	ு	ப	்	ட	ி	ப	ி	ட	ு	்	ண	க	க	்
த	இ	ஸ	ே	ஹ	அ	உ	இ	ர	ஈ	ல	ந	ஐ	ர	க
ங	ஆ	ல	த	ஒ	வ	ஐ	ர	்	ந	ஈ	இ	இ	ி	ம
ஸ	ண	்	க	ொ	ஊ	க	ு	ப	வ	ச	ம	ஐ	ப	்
ஓ	ர	வ	ஆ	்	ட	ஞ	ம	ு	வ	ா	்	ந	்	ல
ள	ய	ா	வ	ர	க	ர	ை	ட	ர	ஆ	ச	ஏ	ப	ல
ஐ	ன	ந	க	த	ை	ி	்	ை	ல	ஹ	க	க	ு	ஞ
ஏ	ே	ம	க	ஈ	அ	ங	ய	ய	ா	ர	ா	வ	ர	ர
ப	ா	த	்	த	ி	ர	ம	்	ற	ங	ச	க	ர	்
க	ா	வ	ி	ய	ம	்	க	ய	்	வ	ா	ு	ற	த
ஆ	ச	ி	ர	ி	ய	ர	்	ர	ற	ச	ஃா	க	ே	ஏ
த	ு	ட	ட	்	ப	ப	்	த	ு	ழ	எ	ம	ண	ே
ந	க	ை	ச	்	ச	ு	வ	ை	ய	ா	ன	ண	ஐ	ஹ

சாகசம்
ஆசிரியர்
பாத்திரம்
சேகரிப்பு
தறுவாய்
இருமை
காவியம்
வரலாற்று
நகைச்சுவையான
கண்டுபிடிப்பு
இலக்கிய
நாவல்
பக்கம்
கவிதை
வாசகர்
தொடர்புடைய
தொடர்
கதை
சோக
எழுதப்பட்டது

6 - Meditation

ல	ஈ	ச	க	ஓ	ர	க	◌ை	◌்	ற	ய	இ	உ	ஞ	வ
த	ந	◌்	ர	◌்	ச	◌ா	◌்	ஞ	ன	ம	இ	ன	ய	ஓ
க	ம	ங	ஆ	உ	ந	ட	அ	ம	இ	எ	ஒ	இ	ச	ம
வ	◌ு	ள	◌ி	◌ெ	த	◌்	அ	ண	ச	ந	◌ே	க	ஈ	ஈ
ன	த	ஞ	ஜ	ஹ	◌ே	ச	ன	ம	◌ை	ஏ	ற	◌்	ப	◌ு
◌ி	ஐ	ற	எ	ஓ	ழ	◌ி	இ	ல	◌ை	எ	ண	ஓ	வ	ந
ப	ந	ச	◌ே	ஆ	உ	க	க	ர	ஹ	த	ழ	ள	வ	ஐ
◌்	ய	ன	க	ஜ	ம	◌்	ஜ	ர	க	ம	◌ி	ஸ	ய	க
ப	ஐ	ள	◌்	ள	◌்	க	ச	◌ி	ச	◌்	◌்	ர	ண	உ
◌ு	எ	ங	அ	ற	ழ	◌ோ	ண	ஹ	உ	ச	க	ன	ழ	ஒ
க	வ	ன	ம	◌்	◌ி	ண	ஒ	ழ	ஏ	வ	ஐ	ம	◌ே	ஓ
ம	ன	ம	◌்	◌ே	◌ி	ம	க	ஹ	ஏ	◌ா	ஹ	ஓ	◌்	த
ம	ஈ	ஏ	ஊ	ங	வ	◌்	ல	உ	ம	◌ு	ம	ங	வ	த
இ	ய	க	◌்	க	ம	◌்	ன	ற	ஞ	ச	ந	ள	ன	ஆ
ப	ழ	க	◌்	க	ங	◌்	க	ள	◌்	ழ	ஸ	ம	வ	ள

ஏற்பு
கவனம்
விழி
சுவாசம்
தெளிவு
இரக்கம்
உணர்ச்சிகள்
நன்றி
பழக்கங்கள்
மனஞ்சார்ந்த
மனம்
இயக்கம்
இசை
இயற்கை
கவனிப்பு
அமைதி
காட்சிக்கோணம்

7 - Days and Months

ம	ய	ன	ள	ள	ண	ஜ	ழ	ஹ	ற	ம	◌்	த	◌ா	ம
ம	◌்	ர	◌ா	வ	ஓ	உ	ன	ச	ழ	◌ை	ச	ழ	ஆ	◌ை
ஜ	◌ா	எ	த	ஜ	ந	ய	ந	வ	ம	ழ	ன	அ	க	ழ
ஜ	க	ர	ண	உ	ம	ப	வ	த	ர	க	◌ி	க	ஸ	க
◌ூ	ப	ற	◌்	ம	எ	◌ி	ம	◌ி	ழ	◌ி	க	◌்	◌்	◌ி
ல	ஊ	◌ு	ய	ச	ல	ப	◌்	ங	வ	க	◌்	ட	ட	ய
◌ை	ஞ	ய	த	க	◌்	◌்	ப	◌்	வ	◌்	க	◌ோ	◌்	◌்
ம	ந	◌ி	ழ	ன	ர	ர	ர	க	ஹ	ழ	◌ி	ப	ஈ	வ
ஆ	இ	◌ா	ந	ஸ	◌்	வ	◌்	ள	ழ	ய	ழ	ர	அ	◌ா
ர	ஹ	ஞ	ஊ	ஹ	ப	ர	ஜ	◌்	ஏ	◌ா	ம	◌்	ல	வ
ஆ	ண	◌்	ட	◌ு	ஏ	◌ி	ஓ	ஜ	க	◌ி	◌ை	ஜ	ஞ	◌்
ந	◌ா	ட	◌்	க	◌ா	ட	◌்	ட	◌ி	வ	◌ே	ற	ற	◌ெ
வ	◌ெ	ள	◌்	ள	◌ி	க	◌்	க	◌ி	ழ	ம	◌ை	ந	ச
ச	◌ெ	ப	◌்	ட	ம	◌்	ப	ர	◌்	ச	ச	ல	ன	ஹ
ஒ	ண	ந	ஓ	ற	ம	ஸ	ஈ	ந	ஒ	ஸ	ஸ	ஜ	ஞ	ள

ஏப்ரல்
ஆகஸ்ட்
நாட்காட்டி
பிப்ரவரி
வெள்ளிக்கிழமை
ஜனவரி
ஜூலை
மார்ச்
திங்கள்
மாதம்
நவம்பர்
அக்டோபர்
சனிக்கிழமை
செப்டம்பர்
ஞாயிறு
வியாழக்கிழமை
செவ்வாய்கிழமை
புதன்
வாரம்
ஆண்டு

8 - Energy

ம	ட	ஊ	ஞ	ப	◌ோ	ட	◌்	ட	◌ா	ன	◌்	ஓ	உ	ஈ
◌ி	ர	◌்	ட	◌ா	ட	◌்	◌ோ	ம	ந	வ	ற	ஹ	ற	ஒ
ண	◌்	ண	ஸ	◌ே	அ	ஒ	வ	அ	ம	ஐ	ல	ய	ய	எ
◌்	ப	ஓ	ர	வ	வ	ம	◌்	ல	க	ன	◌்	◌ி	ம	ன
ச	◌ை	எ	இ	அ	த	ற	◌ி	உ	ந	ஓ	ச	ழ	◌்	◌்
◌ா	ன	ஜ	ர	ர	ண	ங	ஓ	ன	ஞ	ஸ	◌ீ	ஐ	ம	ட
ர	◌்	ண	வ	◌ி	ச	◌ூ	◌ா	ம	◌்	ஓ	ட	அ	◌ி	◌்
ச	ல	உ	ம	◌்	ப	ப	◌்	◌ெ	வ	ன	ஏ	வ	ர	ர
த	◌ொ	ழ	◌ி	ல	◌்	◌ொ	ஞ	ஓ	ஆ	அ	ண	அ	க	◌ோ
ஹ	ஞ	க	ற	ள	இ	ஊ	ர	க	ச	ம	அ	◌ு	க	ப
ல	◌்	ழ	ச	◌ூ	ச	◌்	ற	◌ு	ற	◌்	◌ு	ச	ஸ	◌ி
க	ல	◌்	ந	◌ெ	ய	◌்	ல	ய	ள	ர	ம	இ	த	ம
ந	◌ீ	ர	◌ா	வ	◌ி	அ	ற	◌ு	ற	◌்	◌ா	க	உ	ஆ
எ	ர	ங	ழ	ழ	ஒ	இ	ய	ந	◌்	த	◌ி	ர	ம	◌்
ஹ	◌ை	ட	◌்	ர	ஜ	ன	◌்	ள	ற	ஏ	ஞ	ஏ	உ	இ

மின்கலம்
கரிமம்
டீசல்
மின்சார
மின்னணு
இயந்திரம்
என்ட்ரோபி
சுற்றுச்சூழல்
எரிபொருள்
கல்நெய்
வெப்பம்
ஹைட்ரஜன்
தொழில்
மோட்டார்
அணு
போட்டான்
மாசு
நீராவி
டர்பைன்
காற்று

9 - Chess

ப	◌ு	த	◌்	த	◌ி	ச	◌ா	ல	◌ி	ப	ஊ	ஈ	ங	ச
ஆ	ப	ச	ஜ	க	ஹ	க	ஐ	ற	ழ	◌ு	இ	ங	ஜ	ழ
ட	◌ு	க	ர	இ	ட	ச	ண	ங	ற	ப	ன	ஐ	இ	ள
◌்	ள	வ	உ	ஐ	◌ு	ர	ற	ஹ	ண	◌்	◌்	த	ஏ	ந
ட	◌்	◌ி	ள	ஜ	ட	ஜ	◌ா	◌ா	ர	◌ு	ல	◌ி	ஓ	ந
க	ள	ய	ல	ய	◌்	ச	ந	ண	ஏ	ர	◌்	ய	ம	ம
◌்	◌ி	◌ூ	ன	க	ய	ந	வ	ற	◌ி	க	ல	◌ா	◌ெ	ற
க	க	க	ல	ஐ	◌ா	த	ச	◌ா	ஹ	ற	ம	க	◌ே	ச
◌ா	ள	ம	ன	த	ள	ஊ	ள	ஐ	ல	ங	ய	ம	ந	வ
ர	◌்	◌்	ள	இ	◌ை	ள	ஜ	ங	ச	◌்	ஞ	◌்	ற	◌ி
ர	இ	ம	ஐ	ழ	◌ி	ர	எ	ய	த	அ	க	ன	ம	த
◌்	ம	◌ூ	ல	◌ை	வ	◌ி	ட	◌்	ட	ம	◌்	ள	ஜ	◌ி
ஏ	ற	ஞ	ண	ச	ட	◌ி	ட	◌்	◌ூ	ப	ண	ஹ	◌்	க
ந	◌ே	ர	ம	◌்	ர	த	வ	◌ெ	ள	◌்	ள	◌ை	ர	ள
இ	அ	ல	த	ஹ	ஞ	எ	ஹ	இ	ஏ	ஊ	எ	த	ங	◌்

கருப்பு
சவால்கள்
மல்லன்
புத்திசாலி
மூலைவிட்டம்
விளையாட்டு
ராஜா
எதிரி
செயலற்ற
ஆட்டக்காரர்
புள்ளிகள்
ராணி
விதிகள்
தியாகம்
வியூகம்
நேரம்
போட்டி
வெள்ளை

10 - Archeology

ஊ	வ	ம	ட	◌்	ப	◌ா	ண	◌்	ட	ங	◌்	க	ள	◌்
ஹ	ன	ழ	த	◌ெ	ர	◌ி	ய	◌ா	த	இ	ள	ள	ன	க
ல	◌்	ய	◌ி	◌ோ	க	ம	ஐ	ஆ	ஐ	ஐ	ற	ள	எ	அ
ஏ	ர	ம	◌்	த	ப	◌்	◌ா	க	ச	ம	ர	◌்	ஊ	ஹ
ஆ	ங	ய	க	ர	◌்	ண	ப	◌ு	◌ி	ந	ண	க	க	வ
க	◌ு	ழ	◌ு	ம	உ	த	இ	ம	◌்	ம	◌ி	ட	ப	◌ா
ன	இ	ங	த	ஊ	க	ஸ	◌ே	◌ை	ஒ	ஜ	த	◌ு	ப	ழ
அ	ள	ஜ	ஐ	ஆ	ய	ல	ஆ	ன	த	இ	ஊ	ண	ண	◌ி
ப	◌ொ	ர	◌ு	ள	◌்	க	ள	◌்	◌்	ஜ	ஸ	◌்	◌்	ட
ந	◌ா	க	ர	◌ி	க	ம	◌்	◌ொ	ம	ற	ள	◌ு	ட	ஈ
க	ல	◌்	ல	ற	◌ை	வ	ஊ	த	◌்	ஓ	ல	த	◌ை	த
ல	ட	◌ு	ப	◌ீ	ப	◌்	◌ி	த	ம	வ	◌ு	◌்	ய	ஆ
ம	ற	ந	◌்	த	◌ு	வ	◌ி	ட	◌்	ட	த	◌ு	ஈ	ய
ஓ	ர	ள	ர	உ	ச	ஈ	◌ே	ண	ர	ஸ	ம	ண	ற	ஜ
ஏ	ள	ஓ	ன	ள	◌்	க	ப	◌ு	ம	◌்	◌ு	ல	எ	ன

ஆய்வு
பண்டைய
தொன்மை
எலும்புகள்
நாகரிகம்
வழித்தோன்றல்
சகாப்தம்
மதிப்பீடு
நிபுணர்
மறந்துவிட்டது
படிமம்
துண்டுகள்
மர்மம்
பொருள்கள்
மட்பாண்டங்கள்
வாழிட
குழு
கோயில்
கல்லறை
தெரியாத

11 - Food #2

அ	ஒ	அ	ச	ஓ	ன	ஐ	ஸ	ண	ந	ச	ல	◌ே	ஓ	த
அ	ஜ	ஈ	◌ா	ச	ம	◌ீ	ன	◌்	வ	◌ி	◌ெ	ம	வ	ர
த	ர	ஈ	க	ச	◌ெ	ர	◌்	ர	◌ி	◌ி	ஓ	ல	அ	ஞ
◌ே	க	இ	◌்	ற	ள	ஐ	ங	இ	◌ி	ர	ர	ன	ர	ள
இ	எ	ஹ	ல	ஸ	ஸ	ழ	ஆ	ழ	க	அ	ர	ள	ய	◌ி
ம	ஏ	ண	◌ே	க	ஏ	◌ி	ன	ஒ	ன	◌்	ள	◌ா	◌ா	க
த	◌ு	ஜ	ட	ஓ	க	◌ோ	த	◌ு	ம	◌ை	ள	எ	ம	◌ா
எ	ர	ட	◌்	ல	◌ி	க	◌ோ	க	◌்	ர	◌ோ	◌்	ப	◌்
ஓ	வ	ள	◌்	ப	◌ி	◌்	ப	ஆ	ழ	ண	ஒ	ஆ	ம	க
ஆ	ங	வ	வ	ட	ன	ள	ஒ	ஒ	இ	அ	ஹ	ஓ	ம	த
ழ	வ	◌ா	ழ	◌ை	◌ை	ஹ	ன	ச	உ	ஐ	இ	◌ா	ஊ	ஒ
க	த	◌்	த	◌ி	ர	◌ி	க	◌்	க	◌ா	ய	◌்	ம	ல
ல	வ	த	◌ி	ர	◌ா	ட	◌்	ச	◌ை	ர	ஐ	ஆ	ல	◌்
ப	◌ா	ல	◌ா	ட	◌ை	க	◌்	க	ட	◌்	ட	◌ி	ண	ஊ
த	ய	◌ி	ர	◌்	க	◌ூ	ன	◌ை	ப	◌்	ப	◌ூ	வ	ஸ

ஆப்பிள்
கூனைப்பூ
வாழை
ப்ரோக்கோலி
செலரி
பாலாடைக்கட்டி
செர்ரி
கோழி
சாக்லேட்
முட்டை
கத்திரிக்காய்
மீன்
திராட்சை
ஹாம்
கிவி
காளான்
அரிசி
தக்காளி
கோதுமை
தயிர்

12 - Chemistry

ற	வ	த	ஈ	ங	ய	ம	ந	ற	உ	ர	வ	ஊ	ர	ல
அ	ம	◌ி	ல	ம	◌்	◌ூ	◌ி	ழ	ஒ	அ	வ	க	ஏ	ஊ
ஜ	அ	◌ா	ள	◌்	க	ல	ய	ஊ	வ	ண	ய	◌்	ழ	எ
இ	ய	◌ெ	ஈ	ப	க	க	◌ூ	த	ஊ	◌ு	ஏ	க	ழ	ஸ
ங	ன	ந	உ	ப	ந	◌்	ட	வ	உ	வ	ஏ	◌ி	ம	ர
ஒ	◌்	வ	ஏ	◌்	ம	க	◌்	◌ெ	ல	ஐ	க	ய	ன	ஹ
ல	ய	ஸ	ஞ	◌ெ	◌ி	◌ூ	ர	ப	◌ீ	ய	ர	◌ா	◌்	எ
ஏ	◌ு	ன	ற	வ	ன	ற	◌ா	◌்	க	ஏ	◌ி	க	ஜ	எ
ப	வ	ஞ	த	அ	◌்	◌ு	ன	ப	ங	த	ம	◌ி	ர	க
◌ு	◌ா	வ	உ	ல	ன	ஏ	◌்	ந	◌்	ஜ	ம	ஜ	ட	◌ே
◌்	ண	ச	◌ா	அ	ண	◌ே	க	◌ி	க	ள	◌்	ல	◌்	ஈ
ப	ர	ஜ	◌ி	ய	◌ு	ஈ	ள	ல	ள	ள	ஈ	ஆ	◌ை	◌ே
உ	◌ா	ந	ய	க	◌ு	ஒ	◌்	◌ை	◌்	அ	ஐ	ற	ஹ	ன
ண	◌ி	ஈ	அ	ஓ	ம	உ	ஆ	ட	ஏ	ங	ழ	ஞ	ஓ	ங
ஊ	ப	ஞ	வ	ஓ	ற	◌்	ஸ	எ	த	◌ி	ர	வ	ம	◌்

அமிலம்
கரிமம்
ஊக்கியாக
பாசிகம்
மின்னணு
நொதி
வாயு
வெப்பம்
ஹைட்ரஜன்
அயன்
திரவம்
உலோகங்கள்
மூலக்கூறு
நியூட்ரான்கள்
அணு
கரிம
பிராணவாயு
உப்பு
வெப்பநிலை
எடை

13 - Music

இ எ வ ற உ ப ஏ க வ ◌ி த ◌ை ஊ ந ஒ
ப ச ஸ ந ழ ◌ா ந ◌ே ங ◌ி க ற ன ◌ா ல
த ஒ ◌ை ற ழ ட ஜ க ஏ இ ◌ு ஏ ண ட ◌ி
◌ி ஆ இ க ◌ு ◌் க ண இ ஹ வ ர வ ◌் வ
வ த ◌ு த ◌் ட ◌ு ப ம ◌் ◌ே ம க ட ◌ா
◌ு ல த ற ஞ க க ◌ு ர ல ◌் எ ந ◌ு ங
ஓ வ ஈ ஆ ச ◌ை ல ◌ி ல ◌் ◌ெ ம ள ப ◌்
வ ர ஓ ம ற வ ஜ ◌ை த ர ஐ எ ◌ே ◌் க
ன ஞ அ ம ந ஊ ன ங ஞ ஈ ண ல இ ப ◌ி
இ ச ◌ை ஆ ல ◌் ப ம ◌் ர ◌் க ட ◌ா ப
த ◌ொ ன ◌் ம ◌ை ய ◌ா ன ள ◌் ள த ட ஆ
ந உ ஸ ர ம ன ழ ஊ ஓ ய அ ற ◌ா ல ற
ய ஞ ஐ ஓ ப ர ◌ா வ க ஸ ஈ ச ள ◌் த
ஒ த ◌் த ◌ி ர ◌ு க ◌் க ◌ி ற ம ம த
ஆ ஒ ன வ த ள ஈ ஹ ஞ ஊ ற ந ◌் ஞ இ

ஆல்பம்
நாட்டுப்பாடல்
தொன்மையான
ஒத்திருக்கிற
இணக்கு
மேம்படுத்து
கருவி
மெல்லிசை
ஒலிவாங்கி
இசை
இசைக்கலைஞர்
ஓபரா
கவிதை
பதிவு
தாளம்
பாட
பாடகர்
குரல்

14 - Family

ம	க	ச	ம	ர	◌ு	ம	க	ள	◌்	ஆ	ம	த	க	அ
அ	ர	ஜ	ம	◌ூ	த	◌ா	த	◌ை	ய	ர	◌்	ந	◌ு	ண
ன	◌்	◌ு	எ	அ	ஊ	ள	ஆ	ஓ	ர	ஏ	ற	◌்	ழ	◌்
◌்	ன	ந	ம	ண	ஹ	த	அ	ஞ	ஏ	ஏ	ஐ	த	ந	ண
ன	◌ி	ஏ	◌ே	க	வ	◌ை	ஹ	ஹ	ஞ	க	ம	◌ை	◌்	ன
◌ை	வ	ஊ	ச	ஊ	ன	ந	ஐ	ஓ	ஐ	ஏ	◌ா	வ	த	◌்
த	ற	உ	ஹ	உ	த	◌்	ர	வ	ண	க	ம	ழ	◌ை	ல
வ	உ	ந	ஞ	◌ே	ஒ	ழ	ல	ஹ	ன	ழ	◌ா	◌ி	இ	ந
த	அ	த	◌்	த	◌ை	க	ப	த	◌ா	ய	◌்	வ	ழ	◌ி
த	◌ா	த	◌்	◌ா	த	◌ு	ஸ	◌ே	ண	ல	ட	ய	ஊ	உ
ந	ம	ன	◌ை	வ	◌ி	க	ஈ	ஏ	ர	ஸ	◌ி	◌ே	◌ே	உ
◌்	ர	ர	ன	ஓ	ன	◌்	ன	எ	த	ன	ட	ஞ	எ	ஸ
த	ஆ	உ	ஹ	த	எ	ர	ஹ	ய	ம	ர	◌்	ள	க	ம
◌ை	ர	ஹ	ஹ	உ	ஊ	◌ே	ல	ஊ	ன	அ	◌ா	ன	◌ே	ஹ
ஈ	ல	ல	வ	ஹ	வ	ப	ச	◌ே	ஒ	ள	ப	ங	ஞ	ழ

மூதாதையர்
அத்தை
அண்ணன்
குழந்தை
உறவினர்
மகள்
தந்தை
பேரக்குழந்தை
தாத்தா
பாட்டி
பேரன்
கணவர்
தாய்வழி
அன்னை
மருமகன்
மருமகள்
தந்தைவழி
மாமா
மனைவி

15 - Farm #1

வ அ ம ஏ ஜ ஜ க வ இ ஏ எ ய த ற ற
ை◌ ங ே◌ ச ச ல ர ◌ா ய ◌் ◌ா ந ஓ ஸ ஞ
க ஆ ஞ ல ஹ ஈ ம ன க ல க ◌ோ ழ ◌ி அ
◌் ள ல ய எ இ உ ய ஒ ம ◌் ம ர உ வ
க வ ஒ க ண ஜ ள ர ந ன ◌் ே◌ த ழ ே◌
◌ோ ஞ எ ழ க ◌ா ட ◌் ட ெ◌ ர ◌ு ம ை◌ ல
ல ஜ ந ◌ு வ ே◌ ண ◌ீ ழ ஆ ஞ ச அ வ ◌ி
◌் ர ம த ர ◌ி ஊ ந ழ இ ர ப ஒ த அ
ச ை◌ ன ை◌ ◌ு ப வ வ ெ◌ ள ◌் ள ◌ா ட ◌ு
ச த ை◌ த ே◌ ன ◌ீ ச ல ங உ ஞ ஈ அ ண
அ ◌ி ழ ள ல ந ல ற ◌ா ங ல ர ஒ ர உ
ந ◌ு ழ ஜ க த ம ே◌ ழ ய ஹ உ ற ◌ி ஞ
ஞ க க அ ஸ உ ஆ ஊ ழ ஓ ம ச ஈ ச ஊ
ே◌ ஸ ஏ ற ண ஜ இ ம ஸ ல ழ ◌் ய ◌ி ே◌
வ ◌ி த ை◌ க ள ◌் ஊ ம ஆ ங ங வ ச ஆ

விவசாயம்
தேனீ
காட்டெருமை
சதை
பூனை
கோழி
பசு
காகம்
நாய்
கழுதை
வேலி
உரம்
வயல்
வெள்ளாடு
வைக்கோல்
தேன்
குதிரை
அரிசி
விதைகள்
நீர்

16 - Camping

ம ன ம ல ◌ை க ஓ ஜ ங ஞ க ஊ க வ வ
ங ஜ ◌் ச ற ய ஒ ஊ ற ர ◌ா ஞ ◌ே ◌ே ◌ி
ச ங ட ◌ீ ச ◌ி ச ◌் ◌ூ ப ட ◌் ப ட ல
◌ா ன ப த ண ற ட த ய ஞ ◌ு ச ◌ி ◌் ங
க ஏ ◌ை வ ◌ொ ◌ு ◌ி ஞ எ க ஊ ற ன ட ◌்
ச ர ர ஓ ஐ ப ட ◌ே ஜ க ஊ ◌் ◌் ◌ை க
ம ◌ி வ க ◌ை க ◌் ட ◌ி ◌ே வ ப க ய ◌ு
◌் இ ஊ க ர வ க ப எ ம ஐ ட ◌ூ ◌ா க
இ ச ◌ே ஒ ஒ ள ◌ா ◌ே ◌ி ர உ ◌ு ட ட ள
ம ய இ ந ஜ ◌் ச எ ள ங ர க ◌ா ◌ு ◌்
த த ற ஒ ஓ ள ◌ை ஆ ங ◌் ஸ ◌் ர த ர
வ ண ◌ி ◌் உ ம ◌ி ஞ ஞ க ஊ க ம ல ந
ஒ ண ற ச க ◌் த ஏ ஐ ள ஆ ◌ை ◌் ◌் ம
ண ழ ங ச ஹ ◌ை த ம எ ◌் ங உ ஸ ய ந
ஆ ள ல ஜ ஸ ச ◌ே உ ங உ ஐ ஏ ய ஏ ங

சாகசம்
விலங்குகள்
கேபின்
வள்ளம்
திசைகாட்டி
தீ
காடு
வேடிக்கை
ஊஞ்சற்படுக்கை
தொப்பி
வேட்டையாடுதல்
பூச்சி
ஏரி
வரைபடம்
மதி
மலை
இயற்கை
கயிறு
கூடாரம்
மரங்கள்

17 - Algebra

ள	ஐ	ஊ	ஆ	அ	ஐ	ச	த	ண	ச	ஆ	இ	உ	வ	ஹ
ங	க	ஞ	க	ஊ	அ	உ	ம	எ	ம	ழ	ள	இ	ர	ண
ழ	ஐ	எ	ந	ந	ட	ஒ	ஏ	ன	ஸ	ச	உ	ர	◌ை	ஆ
எ	ள	ஏ	ஹ	ஞ	◌ு	ந	ல	ய	◌்	◌ொ	ப	ஞ	ப	ம
ல	◌ே	ஒ	ள	த	க	ம	அ	ப	◌ு	ப	◌்	◌ை	ட	அ
◌்	ண	எ	ம	ல	◌்	ய	ர	◌ி	◌ே	ந	◌ா	ஊ	ம	ண
ல	அ	ள	வ	◌ு	க	ஒ	ழ	அ	ழ	க	ம	ட	◌்	ல
◌ை	ஐ	ங	◌ு	எ	◌ு	இ	ஒ	ழ	ண	ய	ஹ	ஸ	◌ு	த
ய	எ	ங	ர	ஹ	ல	◌்	த	த	◌்	◌ி	ழ	க	ஏ	◌ீ
ற	ஞ	ச	◌ி	ம	ப	◌ி	ர	ச	◌்	ச	ன	◌ை	ஒ	ர
◌்	இ	ண	◌ி	ர	◌ா	க	ப	◌ி	ன	◌்	ன	ம	◌்	◌்
ற	ஓ	வ	ப	ஞ	ஹ	ற	ஸ	த	◌ீ	ர	◌்	வ	◌ு	உ
க	அ	ஓ	ல	வ	க	ச	◌ி	ப	◌ூ	ஜ	◌்	ய	ம	◌்
ஒ	வ	◌ா	ய	◌்	ப	◌்	ப	◌ா	ட	◌ு	க	த	எ	ஏ
ஆ	இ	ஆ	ய	ஓ	ர	ஹ	அ	ண	ஏ	எ	ண	ய	க	ச

வரைபடம்
பிரிவு
சமன்பாடு
அடுக்கு
காரணி
பொய்
வாய்ப்பாடு
பின்னம்
எல்லையற்ற
நேரியல்
அணி
எண்
அடைப்பு
பிரச்சனை
அளவு
தீர்வு
தீர்
கழித்தல்
மாறி
பூஜ்யம்

18 - Numbers

ஜ	ஹ	ள	ய	ஆ	ஏ	ட	◌ு	◌்	ண	ர	இ	ம	க	ந
ஒ	ஹ	ஞ	எ	ள	த	◌ு	ந	◌்	ன	ை◌	◌ி	த	ப	◌ா
ஐ	ஜ	ஸ	ஜ	ஓ	ஸ	ண	ஸ	எ	ம	ஸ	ஆ	ர	ய	ன
ஐ	ண	ஓ	ர	த	◌ு	◌்	த	ப	ண	ம	ே◌	வ	இ	◌்
ஜ	ந	எ	ல	ண	உ	ர	ண	ஈ	ஊ	ர	ச	இ	ழ	க
எ	ஊ	◌்	ஈ	ழ	◌ு	ன	ே◌	◌ி	த	ப	ஹ	த	ஹ	◌ு
ல	ட	ண	த	ப	த	◌ி	ன	◌்	ம	◌ூ	ன	◌்	ற	◌ு
ம	ம	◌்	ற	◌ு	ன	◌்	◌ூ	ம	ஒ	ன	◌்	ற	◌ு	ற
ஒ	ல	ஒ	ட	ங	ஏ	ன	வ	இ	ர	◌ு	ப	த	◌ு	ஆ
ஏ	ஐ	க	ர	◌ு	எ	ப	ஐ	ண	ஆ	ழ	ம	க	ஆ	ஏ
ப	த	◌ி	ன	ெ◌	ட	◌்	ட	◌ு	ண	ஏ	ஏ	ண	இ	ஞ
ப	த	◌ி	ன	◌ா	ன	◌்	க	◌ு	ஒ	ன	◌்	ப	த	◌ு
ம	ம	ஈ	ழ	ே◌	ன	ப	த	◌ி	ன	◌ா	ற	◌ு	வ	ந
ற	ய	ப	த	◌்	த	◌ொ	ன	◌்	ப	த	◌ு	ண	இ	ஆ
எ	ஓ	ற	ஹ	ஞ	ங	அ	ந	இ	ஸ	வ	ள	அ	ஸ	வ

தசமம்
எட்டு
பதினெட்டு
பதினைந்து
ஐந்து
நான்கு
பதினான்கு
ஒன்பது
பத்தொன்பது
ஒன்று
ஏழு
பதினேழு
ஆறு
பதினாறு
பத்து
பதின்மூன்று
மூன்று
பன்னிரண்டு
இருபது
இரண்டு

19 - Spices

ஜ	◌ே	ஹ	ழ	இ	உ	வ	இ	ஞ	◌்	ச	◌ி	ச	ம	க
◌ா	ர	ன	ம	ல	ப	◌ெ	ம	ள	அ	உ	வ	◌ௌ	ஞ	◌ொ
த	ஐ	ஹ	ர	வ	◌்	ங	த	◌ி	ஆ	ஊ	ற	ம	◌்	த
◌ி	எ	ஓ	ஜ	ங	ப	◌்	ஜ	ஒ	ள	ஒ	ந	◌்	ச	◌்
க	ப	ல	க	◌்	◌ு	க	ஓ	ஹ	ண	க	ம	ப	ள	த
◌்	◌ு	◌ூ	◌ே	க	ங	◌ா	ஹ	ள	த	ஈ	◌ு	◌ு	◌்	ம
க	ம	ல	ப	ப	ந	ய	ச	◌ீ	ர	க	ம	◌்	எ	ல
◌ா	◌்	◌ி	◌ு	◌்	ண	ம	◌்	ய	த	ந	◌்	◌ெ	வ	◌்
ய	ர	க	ப	ப	ம	◌்	ப	◌ூ	ண	◌்	ட	◌ு	◌ை	ல
◌்	◌ா	◌ௌ	◌்	ட	அ	க	ல	ஊ	ஐ	வ	ழ	ஹ	◌ு	◌ி
ற	◌ி	ர	◌ி	◌்	க	ய	◌ு	அ	ஓ	◌ே	ண	ய	ச	ஊ
க	க	◌ி	ன	ட	உ	ற	ற	ங	க	ள	ஏ	ழ	◌ே	◌ே
ஆ	ஏ	ஸ	இ	◌ை	உ	ச	◌ி	ய	◌்	ச	ஓ	ர	ங	ஓ
ஞ	ய	◌்	க	◌ா	◌்	க	ல	ஏ	ஆ	◌ு	உ	ஞ	வ	ஞ
வ	◌ெ	ண	◌்	ண	◌ி	ல	◌ா	ன	த	ஆ	க	ற	ஒ	அ

சோம்பு
ஏலக்காய்
இலவங்கப்பட்டை
கிராம்பு
கொத்தமல்லி
சீரகம்
கறி
வெந்தயம்
சுவை
பூண்டு
இஞ்சி
லிகோரிஸ்
ஜாதிக்காய்
வெங்காயம்
மிளகு
குங்குமப்பூ
உப்பு
இனிப்பு
மஞ்சள்
வெண்ணிலா

20 - Universe

த	ப	ஓ	த	த	இ	உ	ஈ	அ	வ	க	ஞ	க	ங	வ
◌ீ	◌ு	உ	◌ி	ற	ர	த	ஹ	ட	ய	◌ா	ன	த	ஜ	உ
ர	ம	ன	ந	ஓ	◌ூ	ய	ர	◌ி	◌ு	ச	ன	எ	ஜ	ய
◌்	த	வ	◌்	க	ள	ன	ச	வ	ர	ந	ஏ	ம	◌ே	ஊ
க	◌்	◌ா	ர	ம	◌்	ஊ	ந	◌ா	ஹ	◌ே	எ	அ	◌்	ல
◌்	த	ன	◌ா	◌்	◌ீ	ஓ	ந	ன	ர	அ	க	ள	ழ	க
க	◌ி	◌ி	க	ல	ச	ண	வ	ம	ஆ	ள	ழ	ர	த	◌ி
ர	ய	ய	◌ி	ட	◌ா	ந	◌்	◌்	ஹ	ஆ	◌ி	த	ம	க
◌ே	ர	ல	◌்	ண	ய	அ	ச	◌ி	ற	◌ூ	க	◌ோ	ள	◌்
க	◌ே	◌்	ங	◌்	◌்	ஏ	ழ	◌ே	வ	ஊ	◌ூ	ஓ	ஈ	ந
◌ை	க	ஊ	ச	ம	வ	க	◌ை	ர	◌ே	ச	◌்	ட	அ	◌ோ
ங	◌ை	ற	க	◌ி	ன	◌ா	ல	ப	◌ூ	◌்	ட	க	எ	ல
ஆ	ஊ	அ	க	ள	◌ா	ர	ம	◌ே	ச	ஞ	க	ண	த	◌ை
ல	ள	அ	இ	வ	ஞ	ர	ஆ	ய	ய	எ	ய	ஐ	ள	◌ொ
அ	ஐ	ஞ	வ	ஊ	ஓ	எ	ஜ	ய	ந	ர	எ	எ	ழ	த

சிறுகோள்
வானியல்
வளிமண்டலம்
இருள்
பூமத்திய ரேகை
விண்மீன்
அடிவானம்
அட்சரேகை
தீர்க்கரேகை
மதி
கட்குழி
வானம்
சூரிய
சங்கிராந்தி
தொலைநோக்கி
சாய்
கட்புலனாகிற
ராசி

21 - Mammals

ஏ	ய	எ	ப	த	ஈ	க	எ	ல	◌ே	◌ே	ஓ	த	ஆ	ஏ
ள	◌்	ல	ஐ	◌ூ	◌ி	ள	◌ு	ம	ச	ழ	ந	ழ	ட	ற
த	ந	ங	உ	இ	ன	ம	ஏ	ர	ஏ	ங	◌ா	ய	◌ு	ச
த	◌ா	ங	◌்	க	◌ை	◌ை	◌ி	ல	ங	ம	ய	◌்	◌ா	ந
க	ர	ஹ	ஒ	ஹ	◌ா	ஈ	ஒ	ங	ம	◌்	◌்	ஸ	த	ஜ
◌ா	◌்	ஜ	உ	ர	ய	க	ட	ட	◌்	ய	க	வ	ஈ	ஓ
ள	◌ீ	ஞ	ச	ஒ	க	ங	◌்	◌ா	க	க	ய	◌ு	ங	ற
◌ை	ந	ச	ர	ஆ	ச	◌்	ட	ல	ங	ற	◌ி	ள	ஏ	ல
க	◌ொ	ய	◌ோ	ட	◌்	க	க	◌்	◌்	ச	ஓ	ல	ச	◌ா
ந	வ	ஏ	ய	ஜ	ம	◌ா	ம	ப	◌ி	ய	உ	◌்	ம	ல
ந	ர	◌ி	த	ந	த	ர	◌்	◌ி	ச	ஐ	அ	ய	ல	◌்
ஈ	ஒ	ர	◌ை	த	◌ி	◌ு	க	ன	ய	த	ஏ	◌ு	ஓ	ர
எ	ஈ	ஒ	ய	ஹ	ள	வ	ஏ	◌்	◌ே	ஞ	ழ	ம	ஜ	◌ி
வ	ர	◌ி	க	◌்	க	◌ு	த	◌ி	ர	◌ை	ன	வ	இ	◌ொ
ஐ	ய	ஆ	ம	ஞ	அ	ஓ	ஈ	ஹ	ய	ச	உ	ந	ல	க

தாங்க
நீர்நாய்
காளை
ஒட்டகம்
பூனை
கொயோட்
நாய்
டால்பின்
யானை
நரி

கொரில்லா
குதிரை
கங்காரு
சிங்கம்
குரங்கு
முயல்
ஆடு
திமிங்கிலம்
ஓநாய்
வரிக்குதிரை

22 - Restaurant #1

ந	ஊ	எ	க	ங	ல	ர	ஈ	ஸ	ஜ	ஸ	ய	ஜ	ஞ	க
ே	க	அ	உ	ழ	ழ	இ	ன	ி	ப	்	ப	ு	க	ா
ஒ	ர	ஸ	ஜ	ழ	ப	ி	ா	க	க	ழ	ஒ	ஒ	ஈ	ச
த	ட	்	ட	ு	ட	எ	ோ	ஸ	அ	த	ே	ஹ	ஓ	ா
ஒ	க	ா	ஒ	இ	்	ஆ	ச	க	ஆ	உ	்	ஓ	அ	ள
வ	ி	ச	த	ண	ட	ி	ட	்	ொ	ர	ண	த	ழ	ர
்	ண	ி	ு	ம	ி	ம	ன	ஓ	ஊ	ச	ச	வ	ி	்
வ	்	ச	க	ப	ய	க	ஊ	ஓ	ஒ	உ	ண	க	ு	ச
ா	ண	்	்	ண	ல	ா	ச	ம	ை	ய	ல	ற	ை	ஹ
ம	ம	ை	க	ி	்	ர	ந	ா	ப	்	க	ி	ன	்
ை	்	ற	ீ	ய	ன	ம	ஜ	ஜ	ங	ந	ற	ச	ண	ற
ன	ந	இ	ட	ா	ன	ா	ஈ	ம	க	ன	ஏ	ய	ல	ன
ஞ	ே	த	ு	ள	ஹ	ன	ஒ	ஈ	ஈ	ல	ஈ	ஒ	ஸ	ண
ஜ	ஸ	ஊ	ஏ	ர	ஈ	ந	ஒ	ஓ	ம	ஏ	ச	வ	ந	எ
ல	ஸ	ண	ஜ	்	ஞ	ம	ன	ஊ	த	உ	ந	ழ	ஜ	ஆ

ஒவ்வாமை
கிண்ணம்
ரொட்டி
காசாளர்
கோழி
காபி
இனிப்பு
உணவு
சமையலறை
கத்தி
இறைச்சி
பட்டியல்
நாப்கின்
தட்டு
ஒதுக்கீடு
சாஸ்
காரமான
பணியாளர்

23 - Weather

ச	ழ	ை	ம	வ	ு	ர	ப	த	ஜ	ள	உ	வ	ந	இ
ந	வ	ஐ	ஹ	ே	ஈ	ஐ	ந	ஊ	ல	ஜ	ங	ங	வ	ட
ய	ஆ	ஈ	ே	க	க	இ	அ	ல	ம	ஒ	ஸ	ற	ள	ி
ஐ	வ	எ	ற	ா	ஹ	ம	ல	்	ய	ு	ப	ச	ி	ந
வ	ல	க	ப	ற	ர	ஆ	்	ற	இ	உ	வ	ூ	ம	ே
ண	ா	ந	ன	்	ஞ	உ	ன	ன	ஏ	ழ	ர	ற	ண	ல
உ	ல	ன	ி	ற	க	உ	ன	்	ல	ஸ	ஐ	ா	்	ஸ
ே	ஸ	ஞ	ம	ு	ண	வ	்	ெ	ஸ	ல	ஞ	வ	ட	த
ம	ஐ	ஒ	ஊ	்	ன	ஞ	ி	த	அ	வ	த	ள	ல	த
ஆ	ூ	ம	ற	ஏ	உ	ஓ	ம	ஊ	ஐ	அ	ஏ	ி	ம	ு
உ	அ	ட	ஏ	ன	ல	ை	ந	ி	ல	ா	க	வ	்	ர
ே	ண	ஒ	ு	ய	ர	வ	ா	ன	வ	ி	ல	்	ஐ	ு
ஹ	ல	ல	ழ	ப	்	வ	ஐ	இ	ஏ	ஹ	ஜ	ஹ	ஹ	வ
வ	ஹ	ஜ	இ	ந	ன	வ	ெ	ப	்	ப	ந	ி	ல	ை
அ	ம	ை	த	ி	ச	ி	்	ட	ற	வ	எ	உ	ஏ	ஒ

வளிமண்டலம்
தென்றல்
அமைதி
காலநிலை
மேகம்
வறட்சி
உலர்
மூடுபனி
பனி
மின்னல்
பருவமழை
துருவ
வானவில்
வானம்
புயல்
வெப்பநிலை
இடி
சூறாவளி
காற்று

24 - Adventure

ம	உ	ஊ	அ	ழ	க	◌ு	ஐ	ஆ	க	ண	ஏ	ஏ	ஐ	ஒ
உ	ற	◌்	ச	◌ா	க	ம	◌்	ப	ப	ள	க	ஓ	ச	வ
வ	ழ	ன	ச	ஆ	ண	ன	க	◌ா	ழ	த	ை◌	ன	ங	ழ
அ	ஊ	ஒ	வ	ஏ	ஒ	◌்	◌ு	த	உ	ஆ	◌்	ஒ	எ	◌ி
ழ	த	ல	◌ா	ற	◌ு	ற	◌்	◌ு	ச	ச	ற	த	ஒ	ந
ஆ	த	ஸ	ல	எ	ண	த	க	க	ங	◌்	ய	த	◌ா	ே◌
ய	ழ	ற	◌்	ள	ர	◌ி	ல	◌ா	ப	ச	இ	ய	ம	ன
ப	ன	ே◌	க	வ	த	ல	இ	ப	◌ு	ர	ல	◌ா	க	ஊ
ஊ	ய	ஆ	ள	ர	◌ா	◌்	எ	◌்	த	◌ி	ங	ர	◌ி	ட
ஒ	த	ண	◌்	ய	◌ா	ய	த	ப	◌ு	ய	ே◌	◌ி	ழ	◌ு
எ	ல	ல	ங	ஆ	ச	ெ◌	◌்	◌ு	இ	ம	ன	ப	◌்	ர
த	ங	ஸ	ஜ	◌்	அ	ச	த	ப	ஆ	◌்	ண	◌்	ச	◌ு
ய	ள	ன	ள	◌்	க	ர	◌்	ப	◌்	ண	ந	ப	◌்	வ
எ	ஸ	ஆ	ன	ர	உ	ள	ண	எ	ஹ	ப	ன	◌ு	ச	ல
ச	◌ி	ர	ம	ம	◌்	வ	◌்	ஐ	வ	இ	◌ு	ழ	◌ி	◌்

செயல்திறன்
அழகு
சவால்கள்
வாய்ப்பு
ஆபத்தான
இலக்கு
சிரமம்
உற்சாகம்
சுற்றுலா
நண்பர்கள்
வழி
மகிழ்ச்சி
இயற்கை
ஊடுருவல்
புது
தயாரிப்பு
பாதுகாப்பு
ஆச்சரியம்
பயணங்கள்
அசாதாரண

25 - Sport

ஊ	எ	உ	ல	வ	ன	ள	ம	எ	ஒ	ஜ	க	த	அ	த
ஆ	ல	ய	ம	ஈ	◌ி	ள	ே◌	ர	ந	◌ா	ய	ஐ	ண	◌ி
ர	◌ு	வ	ய	ஓ	ஆ	ள	ல	ள	◌்	க	ை◌	ச	த	ற
◌ோ	ம	ர	எ	ம	த	ற	ை◌	◌ி◌ா	ப	◌ி	ள	ங	ந	ன
க	◌்	ம	ன	ட	ந	ஆ	த	ய	ஒ	ங	ய	அ	◌்	◌்
◌்	ப	ழ	ச	ஒ	ங	ங	ண	ஊ	◌ா	◌்	ள	த	◌ீ	இ
க	◌ு	வ	ல	◌ி	ம	ை◌	ஐ	ஏ	ந	ட	ன	ய	ந	ல
◌ி	க	இ	ஈ	ஸ	ட	ஓ	ஓ	ே◌	ழ	ஜ	◌்	ழ	க	க
ய	ள	ஞ	ச	ஓ	ம	◌்	ட	ட	◌்	◌ி	த	ட	ற	◌்
ம	◌்	ஞ	ந	ஜ	ல	ட	◌ீ	ம	ங	ல	ஒ	ஒ	◌ு	க
◌்	உ	ஒ	ழ	ச	ஓ	ய	உ	ந	ர	ஓ	ட	ன	ஐ	◌ு
ஸ	ன	ஓ	வ	ழ	ஈ	ட	இ	ண	வ	ற	ஐ	உ	ஆ	ஆ
ப	ய	◌ி	ற	◌்	ச	◌ி	ய	◌ா	ள	ர	◌்	ங	அ	அ
ஊ	ட	◌்	ட	ச	◌்	ச	த	◌்	த	◌ு	ஜ	ழ	ர	ஊ
ப	ெ◌	ர	◌ி	த	◌ா	க	◌்	க	◌ு	க	ஹ	ங	ஊ	ண

திறன்
உடல்
எலும்புகள்
பயிற்சியாளர்
நடனம்
டயட்
பொறை
இலக்கு
ஆரோக்கியம்
ஜாகிங்
பெரிதாக்கு
தசைகள்
ஊட்டச்சத்து
திட்டம்
விளையாட்டு
வலிமை
நீட்சி
நீந்த

26 - Restaurant #2

உ	◌ே	இ	ங	ம	◌ு	ள	◌்	க	ர	ண	◌்	ட	◌ி	க
க	ப	ந	◌ீ	ர	◌்	இ	வ	ஸ	உ	◌ே	ஊ	த	ன	◌ா
ய	ஹ	◌்	ங	அ	ஆ	ண	◌ு	ன	ஈ	ந	ஜ	க	ப	ய
வ	ல	ந	ப	ஜ	இ	ச	ண	ண	◌ே	ஞ	ல	ந	வ	◌்
ஐ	ஹ	க	ஞ	◌ு	ண	◌ா	உ	ஈ	வ	ஹ	க	இ	ந	க
ழ	◌ே	ஹ	ஜ	ர	ன	ல	ய	ள	ங	ய	ஒ	ர	ந	ற
ழ	வ	ல	ஆ	ஊ	உ	ட	◌ி	◌்	ண	ர	க	வ	ச	◌ி
வ	க	உ	ஞ	ழ	ழ	◌்	த	ஏ	ர	ஆ	அ	◌ு	ச	க
க	ஜ	ஜ	ங	ஞ	அ	இ	ம	ப	ஜ	ஐ	ம	உ	த	ள
ந	◌ூ	ட	◌ு	ல	◌்	ஸ	◌்	ழ	◌ா	த	◌ே	ண	ம	◌்
ன	ய	◌ா	ச	◌ி	◌ு	ர	ய	உ	ப	ன	ஈ	வ	◌ு	ங
ஓ	ற	ங	◌ூ	ர	க	வ	ஓ	ச	ஒ	ஹ	ம	◌ு	ட	எ
ம	ழ	ஐ	ப	ம	◌ீ	ன	◌்	உ	ஸ	ங	ஞ	◌்	◌்	ம
ஹ	ள	க	◌்	◌ே	க	ஜ	வ	ஹ	ங	உ	எ	க	ட	த
ந	◌ா	ற	◌்	க	◌ா	ல	◌ி	ம	ச	◌ா	ல	◌ா	◌ை	ம

பானம்
கேக்
நாற்காலி
ருசியான
இரவு உணவு
முட்டை
மீன்
முள் கரண்டி
பழம்
பனி
மதிய உணவு
நூடுல்ஸ்
சாலட்
உப்பு
சூப்
மசாலா
கரண்டி
காய்கறிகள்
நீர்

27 - Geology

ண	ஞ	ப	ம	ஹ	ப	ஈ	ல	ழ	எ	ஓ	ள	ங	ஸ	ச
ற	உ	◌ு	◌ீ	ய	◌ு	எ	ண	ஜ	ர	ள	◌்	ற	◌்	க
ம	ள	ப	அ	ட	◌்	ழ	ண	ய	◌ி	◌்	க	ம	ட	ஜ
◌்	◌்	◌்	ஈ	ஊ	ப	அ	ல	ள	ம	க	ங	ஊ	◌ா	ங
ய	க	◌ி	◌ு	ர	உ	◌ூ	ட	◌ே	ல	ச	◌்	க	ல	க
ச	ங	ர	ய	ஊ	க	ப	ம	◌ு	◌ை	◌ி	ம	◌ீ	ஜ	ப
◌ி	◌்	அ	க	க	ண	ட	◌்	◌ி	க	ற	◌ி	ச	◌ி	வ
ல	க	ம	◌ை	ல	◌ே	◌ி	ல	ய	எ	◌்	ன	ர	ட	ள
◌்	◌ி	ஜ	◌ு	ஓ	◌்	ம	◌ி	ஒ	ர	ழ	க	◌்	◌்	ம
◌ா	ட	ஒ	க	ம	ய	ம	ம	அ	ழ	◌ு	ஒ	◌ு	க	◌்
க	ப	ஓ	ஊ	ஜ	ஜ	◌்	அ	ம	ஜ	ச	ஸ	ஈ	ள	ல
ச	க	◌ு	வ	◌ா	ர	◌்	ட	◌்	ஸ	◌்	ள	ழ	◌்	ஜ
க	ண	◌்	ட	ம	◌்	ப	◌ூ	க	ம	◌்	ப	ம	◌்	ஜ
ஹ	ழ	ன	ஜ	ச	ண	ஏ	ஞ	ழ	ஊ	அ	ஓ	ந	ன	ன
ஸ	ய	இ	ம	ஜ	ஏ	வ	◌ே	ண	ச	உ	ஸ	ண	வ	ய

அமிலம்
கால்சியம்
குகை
கண்டம்
பவளம்
படிகங்கள்
சுழற்சிகள்
பூகம்பம்
அரிப்பு
படிமம்
கீசர்
அடுக்கு
கனிமங்கள்
உருகிய
பீடபூமி
குவார்ட்ஸ்
உப்பு
ஸ்டாலஜிட்கள்
கல்
எரிமலை

28 - House

த	ண	ர	ற	ஜ	த	க	ங	ஆ	எ	இ	இ	ய	ஜ	க
◌ி	த	ர	◌ை	ன	எ	◌ு	◌ே	ஊ	ஒ	ச	◌ே	ஞ	ஏ	த
ர	ஓ	ழ	ஏ	◌்	ல	க	ட	வ	◌ி	ச	◌ை	க	ள	◌்
◌ை	ம	ஞ	த	ன	ழ	◌்	ள	◌ை	ஸ	ஆ	ழ	உ	வ	ழ
ச	ர	ழ	ல	ல	ஏ	ள	◌்	க	ப	ர	க	◌ூ	ர	◌ை
◌்	உ	ச	◌ை	◌்	ஏ	◌ி	க	◌ே	ம	◌்	க	ல	◌ூ	ந
ச	ஹ	ம	ல	◌ி	◌ே	வ	ங	ர	◌ே	ர	ப	ஐ	ந	ன
◌ீ	ன	◌ை	ஐ	ஊ	ஸ	ள	◌்	◌ே	ழ	◌ி	ன	ம	ஏ	இ
ல	த	ய	◌ூ	த	ண	உ	ட	ஜ	ஞ	ம	இ	ஆ	◌்	ய
◌ை	◌ௗ◌ா	ல	ஓ	அ	ற	◌ை	◌ா	◌்	◌ி	வ	ற	ஐ	ல	ர
க	ட	ற	ஊ	ஊ	ற	ல	ப	ஒ	எ	ண	ங	ஐ	ஏ	◌ே
ள	◌்	◌ை	ற	ல	ஆ	ஒ	ள	ச	◌ு	வ	ர	◌்	த	ஈ
◌்	ட	◌ே	ள	ஈ	ள	க	த	வ	◌ு	அ	த	ப	த	ஐ
ஸ	ம	◌ே	ந	ழ	வ	ஆ	ங	ஐ	வ	ஞ	ங	த	உ	ஜ
ஜ	◌்	ஊ	ஊ	வ	உ	ஞ	ஓ	அ	த	ஒ	ஈ	இ	ஹ	எ

தூய
துடைப்பம்
திரைச்சீலைகள்
கதவு
வேலி
பரணி
தரை
தளபாடங்கள்
கேரேஜ்
தோட்டம்
விசைகள்
சமையலறை
விளக்கு
நூலகம்
மிரர்
கூரை
அறை
மழை
சுவர்
ஜன்னல்

29 - Physics

வ	ழ	ஈ	க	ஈ	ற	எ	ஏ	ம	ர	க	ழ	ய	ஒ	ள
ஒ	◌ா	இ	வ	ம	◌்	க	க	◌்	வ	◌ா	ர	◌ி	◌ி	வ
ண	ன	ய	எ	ஞ	இ	ச	அ	க	வ	ந	ச	இ	ம	இ
ஈ	◌ை	ஞ	◌ு	ண	அ	ல	ட	க	◌ே	◌்	◌ா	ய	◌ூ	ய
ய	த	ண	அ	ஆ	ழ	ற	ர	◌்	க	த	ர	க	ல	ந
ஸ	ச	ஈ	ஒ	ஆ	ங	ஒ	◌்	ட	ம	ப	◌்	◌்	க	◌்
ஊ	◌ோ	ழ	க	உ	க	◌ே	த	◌ு	◌்	◌்	ப	க	◌்	த
ம	◌ி	ன	◌்	ன	ண	◌ு	◌்	◌ு	ஆ	ப	◌ி	வ	க	◌ி
ஆ	ர	ழ	ள	வ	ற	ற	த	ம	ங	◌ு	ய	◌ி	◌ூ	ர
ச	ப	ஒ	ம	ம	ற	◌ை	◌ி	ந	இ	ல	ல	ய	ற	ம
இ	ர	ச	◌ா	ய	ன	ம	◌்	ன	ஊ	ம	◌்	ல	◌ு	◌்
அ	த	◌ி	ர	◌்	வ	◌ெ	ண	◌்	ஊ	◌்	ம	◌்	ழ	ந
ள	க	க	க	◌ு	ழ	ப	◌்	ப	ம	◌்	ய	ல	ஜ	எ
◌ே	ஊ	ஒ	ஸ	வ	◌ா	ய	◌்	ப	◌்	ப	◌ா	ட	◌ு	ஜ
த	வ	ஒ	ந	த	◌ு	க	ள	◌்	ங	ந	உ	ஏ	இ	ள

முடுக்கம்
குழப்பம்
இரசாயனம்
அடர்த்தி
மின்னணு
இயந்திரம்
விரிவாக்கம்
பரிசோதனை
வாய்ப்பாடு
அதிர்வெண்
வாயு
காந்தப்புலம்
நிறை
இயக்கவியல்
மூலக்கூறு
அணு
துகள்
சார்பியல்
வேகம்

30 - Dance

ங	எ	ங	ய	எ	ர	த	உ	ஞ	ச	ஒ	ஹ	ய	ஏ	ம
ம	ச	ர	இ	ந	எ	ச	அ	ர	ஈ	த	ஈ	ஞ	ஏ	்
உ	ட	ல	்	வ	ஏ	ம	ா	இ	க	்	ஒ	எ	ஆ	ய
ே	இ	ந	ற	ஈ	ஐ	ஆ	ஞ	ா	ஈ	த	ர	ழ	ஓ	ர
த	ொ	ன	்	ம	ை	ய	ா	ன	ல	ி	ழ	ஓ	ன	ி
ந	ந	ஊ	ர	ல	ர	்	ர	த	ா	க	ு	்	ங	ப
த	ம	க	ி	ழ	்	ச	்	ச	ி	ை	ம	த	க	ம
ா	ன	எ	வ	ய	வ	உ	ி	ஆ	ஹ	ஹ	இ	ீ	ல	்
ள	்	ு	ர	அ	த	ஓ	ண	ச	ட	ல	ச	ர	ை	ர
ம	க	ா	ட	்	ச	ி	ஜ	ே	்	ற	ை	ண	இ	ா
்	இ	க	ழ	ே	ள	ஈ	ந	ஜ	ண	்	்	ை	ண	ப
ண	எ	ஒ	ஒ	இ	ய	க	்	க	ம	்	ர	க	ன	ர
ள	அ	ண	அ	க	ா	ட	ம	ி	ண	ஒ	ய	ண	ல	த
வ	ெ	ள	ி	ப	்	ப	ட	ை	ய	ா	ன	இ	உ	ை
க	ல	ா	ச	்	ச	ா	ர	ம	்	ண	ஸ	ஏ	ஊ	ஊ

அகாடமி
கலை
உடல்
ஆடற்கலை
தொன்மையான
கலாசார
கலாச்சாரம்
உணர்ச்சி
வெளிப்படையான
அருள்
மகிழ்ச்சி
இயக்கம்
இசை
பங்குதாரர்
தோரணை
ஒத்திகை
தாளம்
பாரம்பரியம்
காட்சி

31 - Shapes

<table>
<tr><td>ம</td><td>ற</td><td>க</td><td>த</td><td>வ</td><td>க</td><td>ண</td><td>ன</td><td>ன</td><td>ஊ</td><td>ங</td><td>ஒ</td><td>ம</td><td>ஊ</td><td>ங</td></tr>
<tr><td>்</td><td>ு</td><td>ன</td><td>ோ</td><td>ே</td><td>ி</td><td>ப</td><td>க</td><td>்</td><td>க</td><td>ம</td><td>்</td><td>ண</td><td>த</td><td>அ</td></tr>
<tr><td>வ</td><td>ற</td><td>ப</td><td>ஸ</td><td>ள</td><td>ள</td><td>ள</td><td>ர</td><td>ர</td><td>ல</td><td>இ</td><td>ச</td><td>க</td><td>ஈ</td><td>ற</td></tr>
<tr><td>ட</td><td>்</td><td>உ</td><td>்</td><td>ஹ</td><td>ம</td><td>எ</td><td>ி</td><td>ப</td><td>ல</td><td>க</td><td>ோ</td><td>ண</td><td>ம</td><td>்</td></tr>
<tr><td>ி</td><td>ு</td><td>ர</td><td>ம</td><td>ப</td><td>்</td><td>்</td><td>ள</td><td>ம</td><td>க</td><td>ஜ</td><td>உ</td><td>்</td><td>ர</td><td>ம</td></tr>
<tr><td>வ</td><td>ச</td><td>ு</td><td>ூ</td><td>ள</td><td>ட</td><td>ஞ</td><td>ஹ</td><td>ச</td><td>்</td><td>ஊ</td><td>அ</td><td>ா</td><td>ழ</td><td>்</td></tr>
<tr><td>ட</td><td>ற</td><td>ள</td><td>ல</td><td>ங</td><td>்</td><td>்</td><td>ஹ</td><td>ஈ</td><td>வ</td><td>ப</td><td>ஈ</td><td>ந</td><td>ண</td><td>ண</td></tr>
<tr><td>ை</td><td>ஒ</td><td>ை</td><td>ை</td><td>வ</td><td>ட</td><td>ச</td><td>ட</td><td>ங</td><td>ர</td><td>ஊ</td><td>ு</td><td>ஹ</td><td>ங</td><td>க</td></tr>
<tr><td>ட</td><td>த</td><td>ண</td><td>ே</td><td>ல</td><td>வ</td><td>ச</td><td>்</td><td>க</td><td>ி</td><td>ங</td><td>ச</td><td>க</td><td>ய</td><td>ோ</td></tr>
<tr><td>்</td><td>ச</td><td>ெ</td><td>வ</td><td>்</td><td>வ</td><td>க</td><td>ம</td><td>்</td><td>ம</td><td>ஐ</td><td>த</td><td>ே</td><td>ள</td><td>க</td></tr>
<tr><td>ு</td><td>ந</td><td>ஈ</td><td>ங</td><td>ஸ</td><td>ஒ</td><td>ற</td><td>ி</td><td>ஆ</td><td>ம</td><td>்</td><td>ு</td><td>அ</td><td>ஒ</td><td>்</td></tr>
<tr><td>ம</td><td>இ</td><td>அ</td><td>க</td><td>ஒ</td><td>உ</td><td>ல</td><td>ர</td><td>ண</td><td>உ</td><td>ர</td><td>ர</td><td>ஆ</td><td>எ</td><td>ு</td></tr>
<tr><td>ச</td><td>வ</td><td>ழ</td><td>வ</td><td>ண</td><td>ய</td><td>ங</td><td>ி</td><td>எ</td><td>ச</td><td>ஜ</td><td>ம</td><td>ழ</td><td>உ</td><td>ம</td></tr>
<tr><td>உ</td><td>வ</td><td>ு</td><td>ள</td><td>ை</td><td>வ</td><td>ர</td><td>ப</td><td>ி</td><td>த</td><td>அ</td><td>்</td><td>ஹ</td><td>ஏ</td><td>ழ</td></tr>
<tr><td>வ</td><td>ள</td><td>ை</td><td>வ</td><td>ு</td><td>க</td><td>ூ</td><td>ம</td><td>்</td><td>ப</td><td>ு</td><td>ள</td><td>ஓ</td><td>இ</td><td>ஹ</td></tr>
</table>

நாண்
வட்டம்
கூம்பு
மூலை
கன
வளைவு
உருளை
விளிம்புகள்
அதிபரவளைவு
வரி
முட்டை வடிவம்
பலகோணம்
முப்பட்டகம்
பிரமிட்
செவ்வகம்
சுற்று
பக்கம்
கோளம்
சதுரம்
முக்கோணம்

32 - Scientific Disciplines

இ	எ	ந	◌்	த	◌ி	ர	ன	◌ி	ய	ல	◌்	இ	வ	வ
ய	ம	◌ொ	ழ	◌ி	ய	◌ி	ய	ல	◌்	ஏ	ற	ஓ	◌ே	◌ா
ற	எ	உ	ட	ற	◌்	க	◌ூ	ற	◌ி	ய	ல	◌்	த	ன
◌்	ச	ந	ர	ம	◌்	ப	◌ி	ய	ல	◌்	ஊ	ற	◌ி	◌ி
ப	க	◌ூ	வ	◌ி	ல	ங	◌்	க	◌ி	ய	ல	◌்	ய	ல
◌ி	ஐ	ஞ	ழ	ங	ஊ	ஒ	ஈ	அ	◌ே	உ	ஞ	ம	◌ி	◌ை
ய	ஸ	ள	ல	ல	◌்	ய	வ	◌ி	க	◌ூ	ம	ச	ய	ஆ
ல	ல	◌்	ய	ல	◌ி	ல	◌்	◌ொ	த	ஹ	ஜ	ஊ	ல	ய
◌்	ம	ர	ல	ல	◌்	ய	வ	◌ி	ர	வ	◌ா	த	◌்	◌்
உ	ட	ல	◌ி	ய	ல	◌்	ல	◌்	ய	ன	◌ி	◌ா	வ	வ
◌ே	ச	ஒ	ற	இ	ஸ	உ	ல	◌்	ய	◌ி	வ	ள	உ	◌ு
ஊ	ட	◌்	ட	ச	◌்	ச	த	◌்	த	◌ு	ய	ஈ	ஆ	◌ே
ப	◌ு	வ	◌ி	ய	◌ி	ய	ல	◌்	ஒ	ஸ	ற	எ	ற	ன
ஜ	த	ஜ	வ	ல	ஹ	ண	உ	ய	◌ி	ர	◌ி	ய	ல	◌்
ந	ன	ஈ	ஓ	இ	ய	க	◌்	க	வ	◌ி	ய	ல	◌்	ய

உடற்கூறியல்
தொல்லியல்
வானியல்
உயிரியல்
தாவரவியல்
வேதியியல்
சூழலியல்
புவியியல்
மொழியியல்
இயக்கவியல்
வானிலை ஆய்வு
நரம்பியல்
ஊட்டச்சத்து
இயற்பியல்
உடலியல்
உளவியல்
எந்திரனியல்
சமூகவியல்
விலங்கியல்

33 - Science

ஏ	உ	ண	ஞ	ஞ	ஈ	ந	க	ஒ	ஒ	உ	ற	ங	க	ர
ப	ய	எ	ய	ற	க	ர	ம	ச	ஐ	ண	ச	ஜ	க	ஸ
ட	◌ி	க	ற	ஈ	ர	ள	◌்	க	ங	◌்	ம	◌ி	ன	க
◌ி	ர	ர	வ	எ	◌ு	◌்	ட	ப	ம	ம	வ	ஞ	ை◌	ை◌
ம	◌ி	அ	ண	◌ு	த	க	க	த	◌்	ை◌	ற	ஆ	த	◌்
ம	ன	ஞ	ற	ச	◌ு	ற	◌ூ	◌ு	ன	ப	ை◌	ஏ	ச	ற
◌்	ம	எ	வ	ெ◌	க	◌ு	க	க	ய	ஏ	◌ு	ம	◌ோ	ய
வ	◌்	ஆ	ச	ட	◌ோ	க	◌்	ள	◌ா	த	ம	ந	◌ி	இ
க	ற	ஈ	ஐ	◌ி	ள	◌ூ	வ	◌்	ச	ம	ர	ஆ	ர	ந
ஈ	◌ா	ஒ	ஹ	க	◌்	க	◌ு	க	ர	ம	ற	வ	ப	ஹ
ம	ஒ	ல	உ	ள	த	◌்	◌்	ள	இ	எ	வ	ல	◌ு	ந
வ	ஐ	ஸ	ந	◌்	ஆ	ல	ய	◌்	த	ே◌	ஐ	ழ	க	எ
இ	ஓ	ஓ	எ	◌ி	ே◌	◌ூ	ஆ	ண	ன	அ	ஏ	ஏ	ஊ	ஸ
ஏ	ங	ழ	க	அ	ல	ம	ப	ர	◌ி	ண	◌ா	ம	ம	◌்
ல	உ	ஞ	வ	ஐ	ந	ை◌	வ	◌ி	ஞ	◌்	ஞ	◌ா	ன	◌ி

அணு
இரசாயனம்
காலநிலை
தரவு
பரிணாமம்
பரிசோதனை
உண்மை
படிமம்
ஈர்ப்பு
கருதுகோள்
ஆய்வுக்கூடம்
முறை
கனிமங்கள்
மூலக்கூறுகள்
இயற்கை
உயிரினம்
துகள்கள்
செடிகள்
விஞ்ஞானி

34 - Beauty

ங	ஐ	அ	ஏ	ஆ	ங	ஏ	த	ந	உ	ன	ச	ஐ	ல	ஒ
ஸ	ஊ	ன	◌ை	ச	◌ா	வ	ய	உ	த	ஈ	ஜ	ஊ	ய	உ
அ	ஷ	ய	ற	ல	ஞ	உ	◌ா	ர	ட	த	◌ோ	ல	◌்	ர
ஈ	ஓ	◌ா	ஈ	ஊ	ஊ	ர	ர	ள	◌்	க	வ	◌ை	◌ே	ச
ம	ஹ	த	ம	ர	ஏ	ஏ	◌ி	ங	ட	ர	ஸ	ஏ	ஆ	ந
ங	ஈ	◌ி	◌்	◌்	ஈ	ல	ப	ஈ	◌ு	ஐ	◌ி	ஐ	உ	ம
ம	ச	த	ர	ம	ப	ண	◌்	க	ச	ஜ	ஊ	ம	ழ	த
ஞ	◌ு	◌்	க	ண	ஏ	◌ு	ப	ம	◌்	ற	◌ி	ந	ஈ	ஹ
ஒ	ர	ர	◌ீ	ம	க	ற	◌ு	த	ச	அ	ழ	ஓ	அ	ந
ப	◌ு	◌்	ச	◌்	ஒ	ச	க	ண	◌ா	க	ர	த	ம	ண
◌்	ட	◌ே	வ	எ	த	ஊ	ள	ஸ	ய	◌ே	ஐ	◌ு	ஓ	க
ப	◌்	ந	ர	◌ா	க	◌ா	◌்	ஸ	ம	ழ	ழ	ற	ள	ஐ
ண	ட	ள	◌்	க	ய	◌்	ண	◌ெ	◌்	ண	எ	ங	ஜ	◌்
◌ை	◌ை	ந	◌ே	ர	◌்	த	◌்	த	◌ி	ண	எ	ஆ	அ	ஐ
ஃ	ப	◌ோ	ட	◌்	ட	◌ோ	ஜ	◌ெ	ன	◌ி	க	◌்	இ	ன

வசீகரம்
நிறம்
ஒப்பனை
சுருட்டை
நேர்த்தி
நேர்த்தியான
மணம்
அருள்
உதட்டுச்சாயம்
மஸ்காரா
மிரர்
எண்ணெய்கள்
ஃபோட்டோஜெனிக்
தயாரிப்புகள்
வாசனை
சேவைகள்
ஷாம்பு
தோல்

35 - Clothes

ஃ	ம	ஹ	ற	ஈ	ம	ஜ	◌ா	க	◌்	க	ெ◌	ட	◌்	எ
ஊ	ப	ஞ	ஒ	ம	ந	ஜ	ப	ஓ	எ	ே◌	ஜ	ை◌	ட	உ
ஹ	◌ி	ே◌	ர	க	ள	ஈ	ே◌	ஒ	இ	ச	ர	வ	ை◌	ள
ர	ப	ஐ	ஷ	ர	ண	ய	ன	ம	ம	ஐ	ப	◌ா	◌்	ம
ல	◌்	ஹ	ஜ	ன	உ	ஐ	◌்	அ	ே◌	ந	◌ு	◌ா	ட	◌்
ஜ	◌ொ	ஜ	இ	ே◌	◌்	ந	ட	ஈ	ஸ	ல	ப	ப	ச	ண
◌ீ	த	உ	ழ	ர	ந	க	◌்	ள	ற	ஐ	◌்	ஊ	ஊ	ர
ன	ஐ	ஈ	ட	அ	க	ை◌	க	◌்	◌ி	வ	ர	உ	ந	ய
◌்	ண	த	◌்	◌ு	ஓ	ஊ	ர	க	ஹ	வ	◌ு	ே◌	ட	த
ஸ	ஸ	ன	ல	ம	ப	ஜ	ே◌	ற	ஏ	ஹ	ெ◌	ஊ	ஹ	ை◌
◌்	◌்	உ	◌்	ஞ	ல	◌்	ய	ை◌	ள	வ	ச	ஒ	வ	ப
ங	க	ஸ	ெ◌	ர	ஒ	ஏ	ப	ய	ஐ	ஊ	ர	ர	ம	◌ு
க	◌்	ய	ப	ள	ே◌	ண	இ	◌ு	ே◌	ஊ	ய	உ	ம	◌ி
த	◌ா	வ	ண	◌ி	ச	ஞ	ர	ை◌	ல	ஈ	ஆ	க	த	ட
ஜ	ச	ன	ன	ன	ஸ	◌்	ல	க	◌்	ெ◌	ந	வ	த	அ

மேல் உடை
பெல்ட்
ரவிக்கை
வளையல்
உடுப்பு
உடை
ஃபேஷன்
கையுறைகள்
தொப்பி
ஜாக்கெட்
ஜீன்ஸ்
நகை
நெக்லஸ்
பேன்ட்
செருப்பு
தாவணி
சட்டை
அடிபுதையரணம்
பாவாடை
சாக்ஸ்

36 - Astronomy

க	த	◌ி	ர	◌்	வ	◌ீ	ச	◌்	ச	◌ு	வ	ஒ	ள	ங
த	ஏ	ச	ஹ	ஏ	த	க	அ	த	ஐ	ஹ	ம	ஓ	ச	த
ஸ	ம	ஆ	◌ூ	ஸ	ஏ	வ	ந	க	ஹ	ஏ	க	ஹ	◌ே	◌ோ
ஹ	ந	◌ே	ஜ	ர	ஐ	ஈ	◌ெ	அ	◌ி	ஓ	ஞ	இ	அ	ல
ல	◌்	க	ண	◌்	◌ி	வ	ப	ஜ	ச	ல	ற	எ	வ	◌ை
ச	இ	அ	த	ஹ	ற	ய	◌ு	ப	◌ூ	ஜ	ம	ஞ	த	ந
க	◌ி	ர	க	ண	ம	◌்	ல	◌ி	ப	ம	ஐ	◌்	◌ா	◌ோ
ள	உ	ஓ	வ	ஸ	ஹ	ஐ	◌ா	ர	◌்	◌்	த	ஊ	ன	க
வ	◌ி	ண	◌்	ம	◌ீ	ன	◌்	ப	ப	க	ப	◌ி	ம	◌்
ர	ல	ம	◌ே	ஐ	◌ே	ழ	ம	ஞ	ர	ர	◌ூ	ழ	◌்	க
ச	◌ி	ற	◌ு	க	◌ோ	ள	◌்	◌்	◌்	◌ி	ம	த	ச	◌ி
ன	உ	ஒ	ர	ய	ல	ழ	ன	ச	ந	க	◌ி	ஸ	ள	ஸ
ஒ	ச	ல	ள	ழ	ஏ	ல	◌ா	ம	◌ோ	ஞ	ச	இ	ங	ஊ
ஓ	ஏ	ன	ஆ	ஏ	வ	ச	வ	◌்	வ	ற	ல	◌ே	ஒ	ற
வ	த	க	ஈ	ழ	◌ே	ம	◌்	ண	◌ா	வ	உ	ச	ஓ	வ

சிறுகோள்
விண்மீன்
அகிலம்
பூமி
கிரகணம்
விண்கல்
மதி
நெபுலா
அவதானம்
கிரகம்
கதிர்வீச்சு
வாணம்
வானம்
சூரிய
சூப்பர்நோவா
தொலைநோக்கி
பிரபஞ்சம்

37 - Health and Wellness #2

ட உ ம ந ஜ ஊ ஓ இ ஜ ஹ ஐ ம இ அ ங
ய ர ர ◌ொ ம ட ஏ ல ஒ ல ங ◌ீ வ ல ந
ட ல ◌ு ய ◌் ◌் ப ர ற ◌் ஊ ட ஓ ஸ ற
◌் ◌் த ◌் ர ட த ச ஞ ய ஜ ◌் ◌ா ச ம
ஒ ய ◌் ஸ த ச ந ◌் ◌ி ◌ி ண ப க ஜ ஐ
வ ற த ஐ ◌ா ◌் ங க த ப இ ◌ு ய க ல
◌் ◌ி ◌ு ர க ச ஹ த ய ர ◌ி ◌ொ ல க உ
வ க வ ம ◌ா த ஈ ழ ழ ம இ ஐ ◌ை ஆ ங
◌ா ◌ூ ம ◌் ◌ு ◌் ப ◌ு ப ◌் ழ ர ◌ி ◌ீ ந
ம ◌் ன த ச த த ◌ௌ ற ◌் ற ◌ு ந ஓ ற
◌ை ற ◌ை த ள ◌ு ன ஈ ன ற ஈ வ ன எ ஏ
உ ட ல ◌் ந ல ம ◌ு ட ◌ை ய ◌ே ம அ வ
ன உ எ ◌ு ஆ ற ◌் ற ல ◌் ள ந ஸ ஊ ற
ண த ச ழ ச ஆ ச ஞ ஊ ழ ஆ த ழ ஈ ஐ
அ ந ழ அ ஞ வ ய ந ல ஊ க ஆ ந ர உ

ஒவ்வாமை
உடற்கூறியல்
பசி
இரத்தம்
கலோரி
நீரிழப்பு
டயட்
நோய்
ஆற்றல்
மரபியல்

உடல்நலமுடைய
மருத்துவமனை
சுகாதாரம்
தொற்று
மசாஜ்
மனநிலை
மீட்பு
அழுத்தம்
ஊட்டச்சத்து
எடை

38 - Disease

த	ப	ல	வ	◌ீ	ன	ம	◌ா	ன	ஊ	இ	ந	வ	ஸ	ஆ
ச	◌ொ	ந	ஒ	வ	◌்	வ	◌ா	ம	◌ை	த	◌ு	◌ீ	ள	ர
◌ி	ஜ	ற	◌ா	ழ	ந	ல	எ	ஹ	ய	ய	ர	க	◌ே	◌ோ
க	ஓ	ச	◌்	ள	ல	◌்	ஜ	இ	ல	ம	◌ை	◌்	ந	க
◌ி	ஊ	க	ய	ற	◌்	ய	ர	ர	ஜ	◌்	ய	க	ப	◌்
ச	க	ட	அ	ப	◌ு	ப	◌்	◌ு	ட	இ	◌ீ	ம	ர	க
◌்	ற	◌ு	◌ி	ய	வ	◌ி	ட	ன	ஐ	ஐ	ர	◌்	ம	◌ி
ச	ஸ	ம	ஏ	ற	ஒ	◌்	ம	◌்	த	ந	ல	ஈ	◌்	ய
◌ை	ஜ	◌ை	ம	ந	அ	ம	ஸ	ஆ	ட	க	◌்	ஊ	ப	ம
ஒ	ண	ய	த	ஸ	ற	ர	ய	வ	உ	ர	ண	வ	ர	◌்
ம	ண	◌ா	ர	இ	வ	ந	ழ	◌ே	ம	ஈ	ஏ	அ	◌ை	ள
ஏ	ழ	ன	இ	க	◌ா	ப	◌்	ப	◌ு	ட	◌ி	வ	ம	◌ை
ய	ஹ	ஐ	த	ப	◌ா	க	◌்	ட	◌ீ	ர	◌ி	ய	◌ா	ந
உ	ட	ல	◌்	ந	◌ோ	ய	◌்	க	◌்	க	◌ு	ற	◌ி	ஹ
எ	ல	◌ு	ம	◌்	ப	◌ு	க	ள	◌்	ற	அ	◌ே	◌ே	ய

வயிறு
கடுமையான
ஒவ்வாமை
பாக்டீரியா
உடல்
எலும்புகள்
நாள்பட்ட
தொற்று
ஆரோக்கியம்
இதயம்
பரம்பரை
காப்புடிவமை
வீக்கம்
இடுப்பு
நரம்பியல்
நுரையீரல்
நோய்க்குறி
சிகிச்சை
பலவீனமான

39 - Time

ஆ	ழ	ப	ந	ி	ம	ி	ட	ம	்	க	ந	இ	ழ	ழ
வ	ண	ம	த	ம	ு	ன	்	்	ள	ட	ா	ப	ச	ஒ
இ	ி	்	ஜ	்	ஞ	அ	ஜ	த	ர	ி	ள	்	ஞ	ச
ர	ண	ர	ட	ச	த	இ	ந	ா	இ	க	்	ப	ண	ந
வ	ம	ா	ை	ு	இ	ா	வ	ம	ஹ	ா	ழ	ஃ	ா	எ ூ
ு	்	வ	ஜ	வ	ஞ	உ	ண	ஐ	ண	ர	ட	த	ே	ற
எ	ப	ய	வ	ற	ி	ஒ	உ	்	வ	ம	ி	ு	ஓ	்
ே	்	ன	ல	ு	எ	ல	ஐ	த	ட	்	ட	ஈ	ன	ற
அ	ம	எ	ஏ	ற	ள	ை	்	ற	ற	ு	்	ன	இ	ா
ே	ர	ண	ம	்	வ	ா	உ	ண	ச	எ	க	த	ஓ	ண
ள	ஆ	ஒ	ங	ே	ங	க	ஏ	ஆ	ச	ச	ா	ள	ஸ	்
ய	ஐ	ந	ன	ந	ண	்	ப	க	ல	்	ட	ஒ	ர	ட
எ	த	ி	ர	்	க	ா	ல	ம	்	ஞ	்	அ	ஸ	ு
ஊ	ஐ	ஞ	ஸ	ற	ஐ	ஜ	ஊ	ச	ய	ர	ா	வ	அ	ள
ஸ	அ	ய	உ	ஞ	ச	உ	உ	ஞ	ஜ	அ	ந	ல	ஆ	எ

முன்
நாட்காட்டி
நூற்றாண்டு
கடிகாரம்
நாள்
பத்தாண்டு
ஆரம்பம்
எதிர்காலம்
மணி
நிமிடம்

மாதம்
காலை
இரவு
நண்பகல்
இப்போது
விரைவில்
இன்று
வாரம்
ஆண்டு
நேற்று

40 - Buildings

ம ர ு த ் த ு வ ம ன ை ஸ ர ஹ ஊ
ே ஒ ற ை அ ி ன த த ழ ஐ ச ற எ ஜ
வ வ இ வ ஈ ச ம ஞ ூ ப ம ள ற ம ே
வ ஊ ன ஓ ச ே வ ே ஒ த ள ர க ் ழ
அ ர ங ் க ு ந ஜ ச இ ர ் ஒ ய ச
த ள ள ே ஏ வ ஹ ள ழ ஏ ஸ க ள ச க
வ ி ஒ ந ல அ ர ல ஏ ஏ த அ ம ி க
ீ ஐ ர ண ஜ ஞ வ எ ஈ த ஏ வ ் ் ூ
ட ஏ ல ை ச ா ற ் ழ ி ொ த க ஞ ட
ு ர ன ் ப ி ே க ஐ ஸ ய ா ் ள ா
ம ச எ ண ல ் ட ட ் ோ ஹ ன ங க ர
ஐ ே ே ப ங ம ப ள ஜ ஒ ம ம ர ச ம
க ோ ப ு ர ம ் ட ஐ ன ஈ ் அ ய ்
ே த ழ ஸ ய ஞ ஜ த ம ல ர ஒ ந ஒ ஆ
க ே ர ே ஜ ் ட ை ட ் ோ க ஸ ஸ உ

தனி அறை
களஞ்சியம்
கேபின்
கோட்டை
திரைப்படம்
தூதரகம்
தொழிற்சாலை
பண்ணை
கேரேஜ்
மருத்துவமனை
ஹோட்டல்
வீடு
அவதானம்
பள்ளி
அரங்கம்
கூடாரம்
அரங்கு
கோபுரம்

41 - Philanthropy

ழ	ஏ	ம	ள	◌ே	ந	இ	ஜ	ஞ	ம	ஹ	ஜ	ய	இ	ப
த	ஸ	ள	◌்	உ	ம	ல	◌ே	ஹ	ய	ய	ழ	க	ள	◌ெ
ஒ	ண	◌்	க	ள	◌்	க	ல	◌்	◌ா	வ	ச	◌ு	◌ை	ர
அ	க	க	ப	ஐ	◌்	◌்	ச	ப	ண	◌ி	த	ழ	ஞ	◌ு
ங	ஆ	ல	◌ு	த	ஐ	க	ஐ	ஹ	ற	◌ா	ய	ந	ர	ந
ஞ	அ	◌்	ர	ங	வ	◌ு	◌்	வ	ஊ	ள	ன	◌்	◌்	◌்
ந	◌ே	ர	◌்	ம	◌ை	க	ஹ	க	ஐ	க	ஜ	த	க	த
ன	இ	ந	ட	◌்	◌ே	ள	ஈ	ல	ம	ல	ய	◌ை	ள	ன
அ	ங	◌ி	◌ூ	ட	த	◌்	ச	ந	ச	உ	ஏ	க	◌்	◌்
ஐ	ஓ	ய	த	ன	ஏ	ழ	ம	ம	◌ே	ங	க	ள	ண	ம
த	ஏ	◌்	த	◌ி	◌ி	ந	இ	ற	◌ூ	ஈ	இ	◌்	ஏ	◌ை
ஆ	ன	◌ெ	◌ு	◌ா	த	◌ா	ன	ம	◌்	க	ஓ	ன	ஆ	ஹ
ண	ன	ச	◌ூ	ம	ல	ர	ய	ய	ம	ண	ம	ஞ	எ	ஓ
ஈ	ஐ	ன	ப	ஆ	வ	ர	ல	◌ா	ற	◌ு	ஊ	◌்	ல	ல
க	◌ு	ழ	◌ு	க	◌்	க	ள	◌்	அ	ஏ	ஜ	ஏ	இ	ஹ

சவால்கள்
அறம்
குழந்தைகள்
சமூகம்
தொடர்புகள்
தானம்
நிதி
பெருந்தன்மை
உலகளாவிய
இலக்குகள்
குழுக்கள்
வரலாறு
நேர்மை
மானிடம்
பணி
தேவை
மக்கள்
செய்நிரல்கள்
பொது
இளைஞர்கள்

42 - Gardening

த	◌ே	ஐ	ஓ	ன	ஓ	ள	ஒ	ப	ர	ஊ	க	ழ	உ	ல
◌ா	ய	ங	அ	உ	ற	ன	ஒ	ச	ங	ன	வ	ஹ	ண	◌ை
வ	ண	ஸ	ச	ல	க	◌ா	வ	◌ு	ர	ப	ர	ந	◌்	ந
ர	க	ந	ண	ஜ	◌ே	ஈ	க	ம	ஞ	ஏ	◌்	வ	ண	◌ி
வ	அ	ன	ஓ	ஞ	ஆ	ய	ஓ	◌ை	ய	ஊ	ச	ழ	க	ல
◌ி	வ	◌ி	த	◌ை	க	ள	◌்	ய	எ	ர	◌்	அ	◌்	◌ா
ய	க	◌ு	ழ	◌ா	ய	◌்	ன	◌ா	க	த	ச	ம	க	க
ல	இ	ல	◌ை	ர	ற	ம	ந	க	ஆ	இ	◌ி	எ	◌ெ	◌ா
◌்	ஐ	ல	ஏ	த	ல	ஈ	ல	◌ீ	ம	ஏ	ய	ஹ	ட	ள
ர	ண	ர	வ	ஐ	ஐ	ர	ழ	ர	ர	ஈ	◌ா	எ	◌ி	◌்
ற	ள	உ	ம	ஒ	வ	ம	ஸ	எ	◌்	◌்	ன	அ	ய	க
த	ள	ர	ட	◌ு	ண	◌்	ச	◌ெ	ச	◌்	◌ெ	ப	த	ல
ள	ஒ	ம	அ	ழ	◌ு	க	◌்	க	◌ு	எ	ண	ழ	◌ு	ன
ர	ஒ	◌்	ப	ழ	த	◌்	த	◌ோ	ட	◌்	ட	ம	◌்	◌்
ஹ	ம	◌ே	ஊ	ர	ஈ	ள	த	ஈ	க	ஜ	ச	ள	ம	க

தாவரவியல்
பூச்செண்டு
காலநிலை
உரம்
கொள்கலன்
அழுக்கு
உண்ணக்கூடியது
கவர்ச்சியான
மலர்
பசுமையாக
குழாய்
இலை
ஈரம்
பழத்தோட்டம்
பருவகால
விதைகள்
மண்
நீர்

43 - Herbalism

ற அ ஸ ய ழ ல த ஊ ஐ ஹ ய ஆ ஐ ஐ ப
ஊ ஊ இ இ ந ர ◌ோ ச ந ஒ ர ந ஹ உ ◌ா
ஐ ச ◌ை ◌் ச ப ட ஒ ஏ ஜ ஓ ஐ ர த ர
ள த ◌ு ங ஊ ம ◌் ண ம ◌ு ற ந ஹ ஹ ◌்
◌் ர ஏ வ த ஐ ட த ◌ை ம ◌் ஞ த ஏ ஸ
ர ம ஸ ர ◌ை க ம ◌் ய த ந ◌் ◌ெ வ ◌்
◌ு ◌் ஆ ◌ி எ ர ◌் த ஐ த ◌ு ள ச ◌ி ல
ப ஆ ல ம வ ஆ ஈ ங ய வ ங ம ன ஐ ◌ி
◌ெ ◌ொ ◌ை ◌ே ல ல ர ◌் ட ◌ௌ ◌் வ ◌ெ ◌ா ல
ப ப ண ஸ ய ள ஓ ◌் ச ம ◌ை ய ல ◌் ஓ
◌் இ ஊ ◌் ஜ ஐ உ உ க ஆ ண ச ஸ ழ ஆ
ல ஞ ஸ ◌ோ ட ஹ இ ழ ஈ ன ◌ா த ◌ி ◌ு ப
◌ு ய ன ர ச ◌ு த ய ஏ ஜ ◌ோ ழ அ ஈ ச
ம ஏ அ ஒ ம ◌ா ர ◌் ஜ ◌ோ ர ம ◌் ர த
ழ ஐ க ◌ு ங ◌் க ◌ு ம ப ◌் ப ◌ு ஊ த

நறுமணம்
துளசி
சமையல்
வெந்தயம்
சுவை
பூ
தோட்டம்
பூண்டு
பச்சை
மூலப்பொருள்
லாவெண்டர்
மார்ஜோரம்
புதினா
ஆர்கனோ
பார்ஸ்லி
ஆலை
தரம்
ரோஸ்மேரி
குங்குமப்பூ
தைம்

44 - Vehicles

ச	வ	◌ா	ண	ம	◌்	◌ே	ஸ	ன	ட	த	உ	ஒ	ஆ	அ
ஸ	◌ு	க	ட	ப	ண	ர	◌்	ட	◌ா	ட	◌்	◌ோ	ம	ஜ
◌்	இ	ர	க	ஆ	இ	ள	உ	ர	க	ந	இ	ள	◌்	ஹ
க	ய	ன	ங	ர	ழ	த	◌ு	ந	◌்	ர	◌ு	◌ே	ப	◌ெ
◌ூ	ந	ம	ன	◌்	வ	ர	◌ே	க	ஸ	த	ம	ஆ	◌ு	ல
ட	◌்	த	◌ி	ம	க	ழ	ச	க	◌ி	அ	ஞ	ம	ல	◌ி
◌்	த	ள	உ	த	ஹ	ப	வ	ல	ன	ங	ர	ற	ன	க
ட	◌ி	ன	எ	ர	◌ி	ள	◌்	க	◌்	ர	ய	ட	◌்	◌ா
ர	ர	ண	ஓ	ம	த	வ	ள	ப	ம	ற	த	வ	ஸ	ப
◌்	ம	ண	ம	ள	ஓ	ள	ண	ல	◌ா	ந	உ	◌ி	◌்	◌்
ஜ	◌்	ஆ	ல	◌ி	உ	ச	ண	◌்	ந	த	ண	ம	க	ட
ஸ	ஞ	ய	வ	ர	த	ய	ஒ	◌ி	ட	ண	◌ை	◌ா	வ	ர
◌ே	ண	க	◌ா	ர	◌்	வ	ஞ	ய	க	◌ி	இ	ன	◌ா	◌்
ஜ	ஜ	உ	ச	ஜ	உ	ஃ	◌ை	ர	ச	ன	ஜ	ம	ன	ஃ
வ	ன	ட	◌ி	ர	◌ா	க	◌்	ட	ர	◌்	எ	◌்	◌்	ள

விமானம்
ஆம்புலன்ஸ்
மிதிவண்டி
பேருந்து
கார்
கேரவன்
இயந்திரம்
படகு
ஹெலிகாப்டர்
மோட்டார்
மிதவை
வாணம்
ஸ்கூட்டர்
சுரங்கப்பாதை
டாக்ஸி
டயர்கள்
டிராக்டர்
ரயில்
வான்

45 - Flowers

த	ப	ஏ	ஈ	ப	◌ு	ப	◌்	வ	ச	◌ி	◌்	ஞ	ள	இ
◌ு	ச	◌ா	ஜ	ண	◌ி	ஓ	ஞ	ம	ல	◌்	ல	◌ி	க	◌ை
ல	◌ூ	ப	ப	ச	ஐ	ய	ய	ஏ	இ	ஓ	ர	ஹ	ள	ஸ
◌ி	ர	◌்	ர	◌்	வ	ள	◌ோ	◌்	க	◌ே	ட	ந	வ	உ
ப	◌ி	ள	ம	ஐ	ப	ஒ	ன	ன	ல	எ	◌ே	ச	ச	ல
◌்	ய	◌ூ	ஸ	ட	க	◌ி	வ	ஸ	◌ி	ஐ	ன	ஓ	இ	க
ஹ	க	ம	ர	◌்	வ	ள	ப	◌்	ஃ	ன	◌்	ஷ	◌ே	ப
◌ை	◌ா	◌ே	◌்	க	ஈ	ஊ	ய	ஒ	ழ	ல	ட	ஈ	எ	ர
ப	ந	ர	ட	◌ி	ந	ஒ	ஹ	◌ே	ஸ	உ	◌ே	ள	ஸ	◌ோ
◌ி	◌்	◌ி	ண	க	ஒ	ன	ஏ	ன	ர	ம	ல	அ	ஒ	ஜ
ஸ	த	ய	◌்	◌்	ல	◌ி	ல	◌்	ல	◌ி	◌ி	ஐ	ஹ	◌ா
◌்	◌ி	◌ா	வ	◌்	ர	ழ	ம	ழ	ச	◌ி	ய	◌்	◌ெ	ட
க	ஏ	ர	◌ெ	ர	◌்	ப	◌ூ	த	◌்	ந	ன	அ	வ	அ
ஸ	ர	ஓ	◌ா	ஆ	இ	ள	ஈ	இ	ஜ	ஏ	◌்	ஞ	ள	ஸ
◌்	ய	த	ல	ப	◌ூ	ச	◌்	ச	◌ெ	ண	◌்	ட	◌ு	ஜ

பூச்செண்டு
க்ளோவர்
டெய்சி
டேன்டேலியன்
அனந்தபூர்
ஹைபிஸ்கஸ்
மல்லிகை
லாவெண்டர்
இளஞ்சிவப்பு
லில்லி
ஆர்க்கிட்
பேஷன்ஃப்ளவர்
பியோனி
இதழ்
ப்ளூமேரியா
பாப்பி
ரோஜா
சூரியகாந்தி
துலிப்

46 - Health and Wellness #1

ம	ந	ச	ப	◌்	ள	◌ி	ம	ெ◌	ண	◌்	ட	◌்	ஸ	◌்
◌்	ர	ர	ந	ஹ	ஏ	த	◌ோ	ல	◌்	உ	வ	க	எ	ம
க	ஓ	◌ு	ம	◌்	க	த	ந	◌்	◌ு	ர	ம	◌ா	ல	ர
◌்	ஓ	வ	த	◌்	த	ச	ை◌	க	ள	◌்	ஜ	ய	◌ு	◌ு
க	அ	ண	த	◌்	ப	ய	ஃ	ள	ன	ஓ	இ	ம	ம	த
ழ	ஜ	ங	ண	ஸ	த	◌ு	ச	ங	அ	ஓ	ஸ	◌்	◌்	◌்
ப	ம	ஏ	ஆ	ம	ந	◌ு	க	◌ி	ச	ப	எ	ம	ப	த
எ	ர	ஜ	ஸ	ன	க	ஜ	வ	ள	க	ச	க	த	◌ு	◌ு
ண	◌ு	ள	ஒ	ஊ	உ	ே◌	க	ர	◌்	◌ி	ஒ	ஒ	க	வ
ங	ந	ஓ	ந	ஜ	வ	ஞ	ஜ	ம	◌்	ஏ	ச	அ	ள	ம
ஸ	◌்	க	◌்	ள	ெ◌	ப	◌்	ஃ	◌ி	ர	உ	◌்	◌்	ன
இ	த	ய	ன	த	ஹ	ய	ண	ே◌	ங	ன	ய	ஃ	ச	ை◌
ஓ	◌ு	இ	ங	ன	ஜ	ங	ஓ	ஊ	ண	ை◌	ர	◌ோ	த	ை◌
ஹ	◌ா	ர	◌்	ம	◌ோ	ன	◌்	க	ள	◌்	ம	ய	ன	உ
அ	த	ள	ர	◌்	வ	◌ு	ந	ற	ங	ஞ	◌்	ண	ம	ஊ

எலும்புகள்
மருத்துவமனை
மருத்துவர்
பழக்கம்
உயரம்
ஹார்மோன்கள்
பசி
காயம்
மருந்து
தசைகள்
நரம்புகள்
மருந்தகம்
தோரணை
ரிஃப்ளெக்ஸ்
தளர்வு
தோல்
சப்ளிமெண்ட்ஸ்
சிகிச்சை

47 - Town

ஏ	ஏ	ங	வ	வ	த	ம	த	வ	ச	ஐ	ஏ	ஹ	ன	ழ
க	ஈ	உ	◌ி	ர	◌ி	இ	இ	◌ொ	ச	ந	◌்	த	◌ை	ண
ம	ட	ன	ம	வ	ர	◌ே	ம	◌்	க	◌்	ங	ர	அ	வ
ர	◌ை	◌ை	◌ா	◌ே	◌ை	ந	ஆ	ஈ	ற	◌ு	உ	ஓ	ண	அ
◌ு	க	ம	ன	ற	ப	அ	ஊ	ஓ	அ	ழ	ப	ன	ன	ச
த	க	◌ு	ந	◌்	◌்	உ	ண	வ	க	ம	◌்	◌்	ஹ	ஊ
◌்	◌்	ட	◌ி	ப	ப	ஹ	◌ோ	ட	◌்	ட	ல	◌்	ப	ஞ
த	க	அ	ல	◌ு	ட	ள	வ	ங	◌்	க	◌ி	அ	ஆ	◌ு
◌ு	த	ண	◌ை	ர	ம	◌ி	த	ர	ன	◌ு	ர	ஸ	இ	ஜ
வ	த	ஞ	ய	◌ை	◌்	◌்	எ	ஒ	ச	◌்	த	ழ	ஹ	ல
ம	◌்	ஒ	ம	ம	ஞ	ள	க	ஏ	ஸ	ங	ங	த	வ	ற
ன	◌ு	ஓ	◌்	ஆ	ஒ	ப	ழ	ல	அ	ர	ஒ	◌ே	ஒ	ஊ
◌ை	ப	ற	வ	ஜ	ஐ	ங	ஹ	உ	◌ூ	அ	ன	ஏ	ய	ஞ
ம	ர	◌ு	ந	◌்	த	க	ம	◌்	அ	ந	ஜ	ஓ	ங	ஈ
ப	◌ூ	வ	◌ி	ய	◌ா	ப	◌ா	ர	◌ி	த	ஸ	ச	ஞ	ஊ

விமான நிலையம்
அடுமனை
வங்கி
புத்தகக் கடை
திரைப்படம்
மருத்துவமனை
பூ வியாபாரி
தொகுப்பு
ஹோட்டல்
நூலகம்
சந்தை
மருந்தகம்
உணவகம்
வரவேற்புரை
பள்ளி
அரங்கம்
கடை
அரங்கு

48 - Antarctica

◌ே	◌ே	வ	வ	◌ி	ர	◌ி	க	◌ு	ட	◌ா	வ	ச	ப	இ
க	ப	◌ு	ப	◌்	க	◌ா	த	◌ு	◌ா	ப	வ	◌ு	ய	ட
வ	ண	ர	◌்	◌ீ	ந	இ	ழ	ஞ	க	ல	ச	ற	ண	வ
◌ெ	ள	◌்	க	◌ை	வ	ற	ப	ங	ஞ	ஹ	ங	◌்	ம	◌ி
ப	◌்	ய	ட	அ	ற	◌ி	வ	◌ி	ய	ல	◌்	ற	◌்	ள
◌்	க	ப	ந	ம	க	◌ோ	வ	◌்	த	ஞ	ஐ	◌ு	ற	க
ப	ங	◌ெ	ஹ	அ	◌்	ங	ஜ	க	எ	ஊ	உ	ச	ஒ	◌்
ந	◌்	◌்	ஊ	இ	ற	ல	ந	த	ச	வ	ம	◌்	ந	க
◌ி	க	ம	◌்	ப	ற	◌்	க	ப	◌ீ	த	இ	ச	த	வ
ல	◌ே	ட	எ	ஸ	ற	ஜ	இ	ஜ	◌ா	ஓ	ஐ	◌ூ	◌ீ	◌ி
◌ை	ம	இ	ஞ	ந	வ	ள	எ	இ	வ	ற	உ	ழ	வ	ய
ற	ஹ	ற	ஓ	ஓ	ஐ	ய	வ	◌ே	ஹ	க	◌ை	ல	◌ு	ல
ப	ன	◌ி	ப	◌்	ப	◌ா	ற	◌ை	க	ள	◌்	◌்	க	◌்
க	ன	◌ி	ம	ங	◌்	க	ள	◌்	வ	ஞ	ங	ய	ள	ஹ
வ	ப	ன	◌ி	ப	◌ு	வ	◌ி	ய	◌ி	ய	ல	◌்	◌்	வ

விரிகுடா
பறவைகள்
மேகங்கள்
பாதுகாப்பு
கண்டம்
கோவ்
சுற்றுச்சூழல்
பயணம்
புவியியல்
பனிப்பாறைகள்
பனி
தீவுகள்
இடம்பெயர்வு
கனிமங்கள்
தீபகற்பம்
பாறை
அறிவியல்
வெப்பநிலை
இடவிளக்கவியல்
நீர்

49 - Fashion

ந	க	ஏ	ய	ப	◌ு	ப	◌்	◌ை	ம	அ	ஒ	ண	க	ஈ
ட	ல	ல	ச	ஓ	◌ொ	ஈ	ஆ	ட	ஞ	க	ண	ச	அ	ஸ
◌ை	ண	ந	வ	◌ீ	ன	த	ஞ	ஆ	உ	ட	◌ை	ஏ	க	ள
ம	ண	ன	ஞ	ண	ர	ன	◌்	ல	ச	அ	ஒ	க	ய	ஸ
◌ு	ங	ள	ஜ	ண	ஏ	ன	ஆ	த	ள	ர	ல	த	அ	◌ே
ற	ழ	ம	ர	◌ி	ட	ய	◌்	ர	◌ா	ப	◌ி	◌்	ம	எ
◌ை	வ	ழ	க	◌ு	க	◌்	◌ோ	ப	இ	ன	ம	ழ	ர	ன
ச	ட	◌்	ப	த	ந	◌்	ற	◌ை	◌ு	க	◌்	◌ு	இ	ள
வ	◌ி	ல	◌ை	ய	◌ு	ய	ர	◌்	ந	◌்	த	க	ற	உ
ந	◌ே	ர	◌்	த	◌்	த	◌ி	ய	◌ா	ன	எ	உ	ள	◌ை
◌ே	ல	◌ே	உ	ழ	ஏ	க	ம	ங	ஹ	ஹ	ஆ	ள	ஹ	◌்
உ	த	ஓ	ற	ஈ	வ	எ	ல	த	ஸ	எ	ஓ	இ	◌ி	ஹ
அ	ஜ	ல	எ	க	◌்	ட	◌ி	ட	◌்	◌ூ	ப	ஹ	ச	ய
ஐ	ள	◌்	க	ட	◌ு	◌ீ	வ	ள	அ	ழ	ஹ	◌ே	ல	ச
ஸ	ஒ	ன	ஊ	ந	இ	ஒ	◌ு	ச	ர	◌ி	க	◌ை	உ	ஆ

மலிவு
பூட்டிக்
பொத்தான்கள்
ஆடை
நேர்த்தியான
எம்பிராய்டரி
விலையுயர்ந்த
துணி
சரிகை
அளவீடுகள்
குறைந்தபட்ச
நவீன
எளிய
அசல்
முறை
நடைமுறை
உடை
அமைப்பு
போக்கு

50 - Human Body

த	ண	ய	ள	எ	ய	ஓ	ந	ஓ	ல	எ	ர	ள	எ	ய
ோ	ல	ஊ	எ	ல	்	க	ா	க	்	ு	ண	க	ல	வ
ல	க	ய	ஆ	ஆ	ா	ள	ட	ை	ா	த	ஈ	ந	ு	வ
்	ர	ஹ	ள	ஸ	வ	ஸ	ி	க	க	ந	க	ன	ம	ி
ம	ு	ழ	ங	்	க	ா	ல	்	அ	ஹ	ற	ஞ	்	ர
ஜ	ற	ர	ர	ஞ	ஊ	க	ழ	ு	த	்	த	ு	ப	ல
ங	எ	ஆ	ன	க	ற	ஒ	க	ற	ன	த	அ	உ	ு	்
ம	ம	ஏ	அ	ம	்	த	்	த	ர	இ	ஹ	ற	க	ஐ
ம	ு	ஏ	ல	இ	ு	க	இ	ற	ஏ	ல	ண	க	ள	ஊ
ழ	உ	ழ	ழ	ச	த	க	ஏ	த	ோ	ள	்	க	்	ஸ
இ	ம	ஊ	ங	வ	ங	ய	ம	ய	ச	ன	ஏ	ஹ	எ	ண
க	த	ந	இ	்	ஏ	ம	க	்	ண	ஜ	ல	ம	ழ	ஈ
ஏ	ு	ய	ள	ே	க	ச	ய	ன	த	ல	ை	ஞ	எ	ஸ
ஓ	ா	ஒ	ம	ள	ள	ை	ூ	ம	ஓ	ஞ	ஓ	ன	இ	ஐ
ச	க	ு	க	்	ூ	ம	ம	ே	ஈ	இ	ம	த	அ	எ

கணுக்கால்
இரத்தம்
எலும்புகள்
மூளை
நாடி
காது
முழங்கை
முகம்
விரல்
கை

தலை
இதயம்
தாடை
முழங்கால்
கால்
வாய்
கழுத்து
மூக்கு
தோள்
தோல்

51 - Musical Instruments

ஈ	ஒ	வ	ட	◌ி	ர	◌ா	ம	◌்	ப	ே◌ா	ன	◌்	ம	ம
ஈ	ற	ஞ	◌ீ	எ	க	◌்	க	◌ா	ள	ம	◌்	அ	◌ா	ெ◌
ந	ல	ஹ	ண	ண	த	ழ	ஓ	ந	◌ா	ழ	க	ஆ	ண	ன
ஸ	ே◌	ந	ஜ	இ	ை◌	வ	ஒ	ன	த	ர	ண	ஒ	◌்	◌்
ப	◌ு	ல	◌்	ல	◌ா	ங	◌்	க	◌ு	ழ	ல	◌்	ட	ம
ஹ	◌ா	ர	◌்	ம	ே◌ா	ன	◌ி	க	◌ா	ஜ	ே◌ா	இ	ல	ை◌
ம	ர	◌ி	ம	◌்	ப	◌ா	ஹ	க	ஊ	உ	ெ◌	உ	◌ி	ய
ஸ	ய	ற	ன	வ	ற	ஓ	ஊ	ழ	ஜ	ஓ	ச	ழ	ன	◌ா
க	◌ி	ட	◌்	ட	◌ா	ர	◌்	ப	ர	ல	ப	ய	◌்	க
எ	எ	ட	◌்	ன	ெ◌	ர	◌ி	ள	◌ா	◌ி	க	ே◌ா	ஏ	வ
ப	◌ா	ன	◌்	ஜ	ே◌ா	ற	ழ	ஏ	ச	ச	ண	ள	வ	ய
ம	◌ு	ழ	வ	◌ு	ம	ஈ	ர	ந	◌ி	ழ	◌ூ	ல	ங	ல
ர	ஊ	எ	ஊ	ஒ	ச	ன	ள	ந	◌்	த	ண	ன	ச	◌ி
அ	அ	ன	ஆ	ங	க	ஈ	ன	உ	ஞ	அ	இ	ஈ	◌்	ன
ஓ	ள	க	ஊ	ன	ஞ	ஈ	ஆ	ந	க	ஜ	ண	அ	ஊ	◌்

பான்ஜோ
பாசூன்
செலோ
கிளாரினெட்
முழவு
புல்லாங்குழல்
கிட்டார்
ஹார்மோனிகா
வீணை
மாண்டலின்
மரிம்பா
ஓபோ
தாள
மென்மையாக
கஞ்சிரா
டிராம்போன்
எக்காளம்
வயலின்

52 - Fruit

த த ஸ எ எ உ ள ே◌ ஜ ந ஆ க ர எ ர
ஆ ஆ ல ள ம ◌ா ம ◌் ப ழ ம ◌் ◌ி ற ள
ஆ ன ஹ ம ள ஜ ய ற ப ஞ ஞ ம ர வ ர
எ ல ◌ு ம ◌ி ச ◌் ச ை◌ ◌ி ம ட ◌் ம ◌ி
ல ஓ ே◌ ஞ ப ◌் க த த ஸ ◌் ப ெ◌ ◌ு ர
அ ழ ம ஐ ◌ா ◌ீ ◌ா ே◌ ◌ி க ழ ப ச ல ◌்
ந வ ஜ ண ◌் ப க ங ர ◌ொ ப அ ஆ ◌ா ப
ெ◌ ஊ ஹ ஏ ப ள ◌் ◌் ◌ா ய ம ஐ ஒ ம ெ◌
க ண க ே◌ ப த ர க ட ◌் ை◌ அ ன ◌் ஸ
◌் ஈ ங ஸ க ஹ ◌ி ◌ா ◌் ய த ஓ ஆ ப ◌்
ட ச ச இ ஈ ல ே◌ ய ச ◌ா ◌ு ழ வ ழ ◌ா
ர ◌ி ர ◌் ெ◌ ப ப ◌் ை◌ ம ◌ா ஊ ◌ா ம ர
ை◌ வ ெ◌ ண ◌் ண ெ◌ ய ◌் ர வ த ழ ◌் அ
ன அ ன ◌் ன ◌ா ச ◌ி ண ம ஓ அ ை◌ ஞ ஹ
◌் இ ழ ண ஐ ஊ இ ர ஆ ◌் ஜ இ ந ஒ இ

ஆப்பிள்
வாதுமை பழம்
வெண்ணெய்
வாழை
பெர்ரி
செர்ரி
தேங்காய்
படம்
திராட்சை
கொய்யாமரம்
கிவி
எலுமிச்சை
மாம்பழம்
முலாம்பழம்
நெக்டரைன்
பப்பாளி
பீச்
பேரிக்காய்
அன்னாசி
ராஸ்பெர்ரி

53 - Virtues #1

ஊ	ழ	ள	ஜ	வ	ஞ	ய	ங	ல	ழ	ஆ	ந	உ	ர	ன
எ	ள	◌ி	ய	ஹ	ஆ	ஹ	ன	ஜ	எ	ர	ம	ண	வ	ம
ந	ல	◌்	ல	ஐ	ஞ	ஈ	ச	க	உ	◌்	◌்	ர	◌ே	ண
த	◌ா	ர	◌ா	ள	ம	◌ா	க	ல	அ	வ	ப	◌்	ட	ஜ
ஸ	அ	எ	ழ	ஜ	ந	◌ே	ஸ	◌ை	ஹ	ம	க	ச	◌ி	க
ப	ய	ன	◌ு	ள	◌்	ள	த	◌ா	க	◌்	ம	◌்	க	ந
ல	◌ி	ச	◌ா	த	◌ி	த	◌்	◌ு	ப	ஓ	◌ா	ச	◌்	ம
ந	ன	ம	◌ா	க	க	◌்	ர	◌்	◌ீ	த	ன	◌ி	க	◌்
ன	ய	எ	ஜ	ஞ	ழ	ங	ன	ந	த	ல	ஜ	ழ	◌ை	ப
வ	ய	ம	ல	ஏ	ஹ	அ	ழ	ஸ	ட	ங	ழ	ம	ந	◌ி
இ	ண	ச	ஊ	ஒ	ந	ஹ	ஐ	ஏ	ய	◌ை	வ	ய	ஈ	க
த	◌ு	ப	◌்	ப	◌ு	ர	வ	◌ா	ன	ஈ	ம	ர	ம	◌்
த	◌ி	ற	ம	◌ை	ய	◌ா	ன	ர	ல	இ	ஆ	◌ு	ய	க
ய	ந	இ	ள	ள	ந	◌ே	◌ா	ய	◌ா	ள	◌ி	ஓ	ற	◌ை
ப	◌ா	ண	◌்	ட	◌ி	த	◌்	த	◌ி	ய	ம	◌்	அ	◌ை

கலை
அழகான
துப்புரவான
நம்பிக்கை
ஆர்வம்
தீர்க்கமான
திறமையான
வேடிக்கை
தாராளமாக
நல்ல
பயனுள்ளதாக
புத்திசாலி
எளிய
உணர்ச்சி
நோயாளி
நடைமுறை
நம்பகமான
பாண்டித்தியம்

54 - Engineering

ஒ	ஐ	எ	ஐ	உ	ம	◌்	வ	ர	◌ி	த	உ	ர	வ	ந
ல	◌ே	க	ண	க	◌்	க	◌ீ	ட	◌ு	ச	உ	த	ல	◌ெ
த	ஏ	எ	ள	வ	ர	வ	இ	ர	ள	ஆ	ண	ய	◌ி	ம
ற	ஸ	◌ே	இ	இ	த	இ	ர	ன	ள	ஏ	ழ	உ	ம	◌்
ழ	ம	ழ	ற	ஆ	◌ி	ந	ழ	◌ை	ஓ	ழ	ஸ	ம	◌ை	ப
ஆ	◌ூ	அ	க	ஹ	◌்	ஒ	ஸ	அ	ப	ஏ	வ	ர	◌்	◌ு
அ	ல	ள	ல	ய	ந	ர	◌்	ட	◌ா	ட	◌்	◌ோ	ம	க
வ	◌ை	வ	உ	ல	ய	அ	எ	ம	ஓ	த	ம	த	எ	◌ோ
ஹ	◌ி	◌ு	த	ல	இ	ஆ	ற	◌்	ற	ல	◌்	◌்	ச	ல
◌ே	◌ே	ட	உ	ர	◌ா	ய	◌்	வ	◌ு	ஞ	ங	ஹ	உ	◌்
ல	அ	ள	◌்	க	ங	◌்	ண	ம	◌ா	◌ி	ர	ப	உ	க
ஞ	எ	க	ஊ	ட	ஊ	ஊ	அ	ச	◌்	ச	◌ு	ழ	க	ள
ட	◌ீ	ச	ல	◌்	ம	◌்	க	ய	◌ோ	ந	◌ி	◌ி	வ	◌்
ஞ	இ	ஊ	ம	◌ை	ன	◌்	த	த	◌்	ர	த	◌ி	◌்	ஸ
ஸ	ஈ	இ	ய	க	◌்	க	ம	◌்	இ	ர	ழ	க	த	ந

மூலை
அச்சு
கணக்கீடு
ஆழம்
வரைபடம்
விட்டம்
டீசல்
பரிமாணங்கள்
விநியோகம்
ஆற்றல்
உராய்வு
நெம்புகோல்கள்
திரவம்
இயந்திரம்
அளவு
இயக்கம்
மோட்டார்
ஸ்திரத்தன்மை
வலிமை

55 - Government

அ	ச	ம	த	◌்	த	◌ு	வ	ம	◌்	ஜ	ஸ	த	ஜ	வ
ங	ர	உ	ர	◌ி	ம	◌ை	க	ள	◌்	ந	ஜ	◌ே	ந	◌ி
ர	ற	ச	ம	◌ா	வ	ட	◌்	ட	ம	◌்	ந	ச	த	வ
ம	◌ை	ர	◌ி	ய	◌ு	ட	◌ி	◌ு	க	ஐ	◌ி	ம	ல	◌ா
ஊ	◌ே	ற	ற	ய	ஞ	ல	ஐ	ண	வ	த	ல	◌்	◌ை	த
ச	ங	உ	ஈ	ச	ல	ஊ	இ	ச	அ	ய	◌ை	ச	வ	ம
அ	◌ு	ற	வ	◌ி	ற	ம	ப	◌ே	ச	◌்	ச	◌ு	ர	◌்
க	ம	த	ஐ	◌ே	ஓ	இ	◌ை	ஜ	ச	ஐ	ஞ	ஆ	◌்	ந
ச	◌்	◌ை	ந	த	ஓ	வ	ஐ	ப	ள	ஈ	ன	ங	ல	ள
ட	க	ஓ	த	◌்	க	இ	ள	ஊ	◌்	ழ	அ	அ	ர	எ
◌்	ய	வ	வ	◌ி	த	ச	ஸ	உ	க	ப	ற	ஸ	ன	ந
ட	◌ா	ஓ	ல	◌்	ய	◌ி	ச	ர	அ	ஈ	◌ு	ங	இ	◌ீ
ம	ந	ஸ	ஹ	ன	ஜ	◌ா	ர	ச	◌ி	வ	◌ி	ல	◌்	த
◌்	ன	ஹ	ண	ய	ஓ	ஒ	ன	ம	ஏ	எ	ஊ	ஏ	ஸ	◌ி
ஸ	ஜ	ச	◌ி	ன	◌்	ன	ம	◌்	◌்	ழ	ஈ	ஊ	ங	ஜ

குடியுரிமை
சிவில்
அரசியலமைப்பு
ஜனநாயகம்
விவாதம்
மாவட்டம்
சமத்துவம்
நீதி
சட்டம்
தலைவர்
சுதந்திரம்
தேசம்
தேசிய
அமைதியான
அரசியல்
உரிமைகள்
பேச்சு
நிலை
சின்னம்

56 - Art Supplies

அ	ழ	◌ி	ப	◌்	ப	◌ா	ன	◌்	ங	ஆ	ஐ	ஒ	ஸ	ப
ச	எ	ர	◌ா	ம	ே◌	க	ஏ	ய	ஓ	ந	ஹ	ே◌	ர	ெ◌
எ	ய	க	க	◌ி	ர	ே◌	ய	◌ா	ன	◌்	க	ள	◌்	ன
ஊ	ண	ல	◌ி	க	◌ா	ற	◌்	◌ா	ந	த	ஈ	◌்	◌ீ	◌்
ன	◌்	◌்	அ	ஒ	இ	த	அ	ச	எ	◌ு	ச	க	ந	ச
ன	ம	ற	ண	ற	ஏ	ஞ	க	ஆ	ழ	ர	ல	ன	ன	◌ி
வ	◌ி	ற	ய	ெ◌	ழ	ே◌	◌்	ண	ஈ	◌ி	◌்	ை◌	ந	ல
ஊ	ள	◌்	ண	ன	ய	எ	ர	ம	ச	க	இ	ச	ன	◌்
ந	க	ப	எ	ங	ழ	◌்	◌ி	ம	ஆ	ை◌	ன	◌ௗ	த	க
ஆ	ண	◌ா	அ	ஆ	ங	ஊ	ல	எ	ஊ	க	ஓ	ய	ன	ள
அ	ழ	ப	ஆ	த	ஞ	ந	◌ி	ம	த	ள	ர	ங	ே◌	◌்
ஜ	ச	◌்	ஒ	ஏ	◌ா	ஐ	க	க	ச	◌்	உ	த	ஆ	எ
ே◌	உ	ை◌	ச	ப	ம	ள	◌்	ஏ	ம	ற	ன	ஓ	ே◌	த
ச	ந	ட	ே◌	ள	ங	ச	◌்	ங	ை◌	ஏ	உ	ழ	வ	த
ஜ	ஞ	ப	ன	ம	உ	ஓ	அ	வ	அ	ண	ண	ற	அ	ள

அக்ரிலிக்
தூரிகைகள்
கேமரா
நாற்காலி
கரி
களிமண்
கிரேயான்கள்
படைப்பாற்றல்
ஈசல்
அழிப்பான்
பசை
யோசனைகள்
மை
எண்ணெய்
தாள்
பென்சில்கள்
மேசை
நீர்

57 - Science Fiction

அ	ர	◌ு	ம	◌ை	ஸ	ஞ	இ	ஏ	அ	ஆ	ழ	ஈ	◌ீ	த
ம	◌்	ல	க	◌ா	ர	◌்	◌ி	த	எ	ண	ங	த	ஆ	◌ொ
எ	வ	எ	ற	ஞ	ஈ	இ	ர	வ	ர	அ	◌ு	ஒ	த	ழ
ப	◌ெ	ள	◌்	க	◌ி	◌்	க	ர	ஆ	ழ	ஐ	ச	ஸ	◌ி
◌ு	ட	ஐ	ப	ய	ழ	ற	ஒ	ஓ	ஏ	ஒ	ற	ந	உ	ல
த	◌ி	ம	ன	◌ை	ப	◌்	ற	க	ங	ச	இ	உ	ம	◌்
◌்	ப	◌ா	ய	ம	ர	◌ோ	ப	◌ோ	க	◌்	க	ள	◌்	ந
த	◌்	ய	◌ு	ய	◌ா	ப	◌ி	ட	◌ோ	ஸ	◌்	◌ி	ட	◌ு
க	ப	◌ை	ல	ன	◌்	ம	◌ீ	ண	◌்	◌ி	வ	ஒ	ப	ட
ங	◌ு	ஸ	க	◌ே	ஏ	ந	◌்	ம	க	ல	உ	ஏ	ப	◌்
◌்	வ	ள	◌ு	எ	ல	உ	இ	ர	அ	ய	ற	ஐ	◌்	ப
க	எ	ஜ	ண	ஆ	ஸ	ண	ற	வ	ம	ஐ	ஏ	ல	ர	ம
ள	க	◌ு	ள	◌ோ	ன	◌்	க	ள	◌்	ஸ	ஆ	ஏ	◌ை	◌்
◌்	இ	ர	ச	◌ா	ய	ன	ங	◌்	க	ள	◌்	த	◌ி	வ
ஞ	ச	ஜ	ஆ	க	◌ி	ர	க	ம	◌்	ம	ய	ஜ	த	அ

அணு
புத்தகங்கள்
இரசாயனங்கள்
திரைப்படம்
குளோன்கள்
டிஸ்டோபியா
வெடிப்பு
அருமை
தீ
எதிர்காலம்
விண்மீன்
மாயை
கற்பனை
மர்மமான
ஆரக்கிள்
கிரகம்
ரோபோக்கள்
தொழில்நுட்பம்
கற்பனயுலகு
உலகம்

58 - Geometry

ஹ ஒ எ ச வ ஹ ச வ ம ஊ வ ம ◌ூ ல ◌ை
இ ண ◌ை ஸ ட ஐ ம ◌் ட ட ◌் ◌ி வ ச ம
ம வ ய ல ◌் ஞ ன ங ள ர எ ஹ ஆ த ◌ே
◌் ◌ு ச அ ட ர ◌் ச ◌ீ ◌் ச ம ச ◌ு ற
க ர க ஐ ம ஊ ப ம ஊ ச அ ◌் ச ர ◌்
க ◌ி ஐ ◌் ◌் ஹ ◌ா ம ர ங ள த ◌ெ ம ப
◌் ◌ி ப ட க எ ட ம வ ய ◌ே க ங ◌் ர
◌் ப க ◌ு ஓ ◌ொ ◌ு ◌் க ந உ ◌ி ◌் ஸ ப
ர ஏ த க ன வ ண ண ண ◌ி எ ◌ி க ◌ே ◌்
த ஐ ன ◌ீ ஜ ◌ை ற ம ◌ே ற ண வ ◌ு ஈ ப
வ ஆ அ ◌் ஞ ஐ வ ◌ா ◌் ◌ை ◌் ன த ஞ ◌ு
ஐ ன ஹ க ழ க ◌ு ◌ி ஈ ன ள ழ ◌் ம உ
ங ய ஞ ண ன ம ◌ை ர ஈ ர ஸ ந த ஆ ஹ
ழ ◌ே ஜ க ஓ ஏ ள ப எ ஞ ஸ ய ◌ு ர ங
◌ே ஜ ய ஒ க ஹ வ ந த ற ள ஈ ஊ ஊ ர

மூலை
கணக்கீடு
வட்டம்
வளைவு
விட்டம்
பரிமாணம்
சமன்பாடு
உயரம்
தர்க்கம்
நிறை
எண்
இணை
விகிதம்
பிரிவு
சதுரம்
மேற்பரப்பு
சமச்சீர்
புனைவி
முக்கோணம்
செங்குத்து

59 - Creativity

க	ஓ	எ	ஹ	ள	ஒ	ல	ழ	த	ஸ	ஒ	க	வ	அ	ழ
ய	◌ே	ன	ர	◌்	◌ி	ய	உ	◌ி	அ	ச	ற	◌ி	ஹ	ம
◌ோ	ச	உ	ற	க	ஏ	ஞ	◌ே	ற	ல	◌ே	ப	ய	ஏ	ச
ச	ள	ஸ	ம	வ	ண	ச	ந	ம	வ	ற	◌ு	த	ங	ள
ன	ந	ஹ	◌்	◌ு	ய	ங	ங	◌ை	ன	◌ை	ப	◌்	ற	க
◌ை	உ	ண	ர	◌்	ச	◌்	ச	◌ி	க	ள	◌்	த	உ	த
க	ந	எ	வ	ர	ம	உ	ஏ	ச	ல	ஹ	ட	க	ள	◌ெ
ள	ஜ	ம	◌ி	ண	ன	ட	ண	ள	த	ல	◌ி	◌ு	◌்	ள
◌்	த	ஸ	◌ீ	உ	ய	ர	ப	ர	உ	இ	ப	அ	ள	◌ி
இ	ந	ஸ	த	ந	ஸ	ச	எ	இ	◌்	உ	◌ி	ஞ	◌ு	வ
வ	◌ெ	ள	◌ி	ப	◌்	ப	◌ா	ட	◌ு	வ	ட	◌ே	ண	◌ு
த	ர	◌ி	ச	ன	ங	◌்	க	ள	◌்	ள	◌ு	ஈ	ர	வ
எ	◌ே	ஈ	ஓ	ய	வ	ய	ந	ற	◌ே	ஏ	◌்	க	◌்	ஏ
த	◌ி	ர	வ	த	◌்	த	ன	◌்	ம	◌ை	ண	ல	வ	வ
உ	த	◌்	வ	◌ே	க	ம	◌்	க	ஓ	ண	க	◌ை	◌ு	ஈ

கலை
தெளிவு
வியத்தகு
உணர்ச்சிகள்
வெளிப்பாடு
உணர்வுகள்
திரவத்தன்மை
யோசனைகள்
படம்
கற்பனை
உத்வேகம்
தீவிரம்
உள்ளுணர்வு
கண்டுபிடிப்பு
உணர்வு
திறமை
தரிசனங்கள்
உயிர்

60 - Airplanes

வ உ ந ◌் த ◌ி வ ச ஞ த ஹ இ ச ஸ ங
எ ◌ி உ அ ர ண ள ஸ ஓ ச ◌ை ◌ி த ஹ இ
ர ஜ ம ஊ ச ய ◌ி ஸ ◌ே ஓ ட எ வ ஓ ஆ
◌ி இ ழ ◌ா எ ப ம ள ண ர ◌் ம ர ய உ
ப க ஆ ம ன ◌ே ண ◌் ஈ ஏ ர ச அ வ வ
◌ொ ஸ ய ம உ ◌ி ◌் ஜ க ஈ ஜ ந ர ர ட
ர ப ல ◌ூ ன ◌் ட ற ஒ ◌ு ன ஏ ண ல ◌ி
◌ு வ ◌ா ன ம ◌் ல ஈ ஈ ந ◌் ஒ ற ◌ா வ
ள ழ க ஸ ◌் ஐ ம வ எ ஈ ந ங ள ற ம
◌் ற த ங ச ந ◌் ஸ ழ உ ங ச ற ◌ு ◌ை
ந ங த ர க வ ம ◌் ச ◌ா வ ள ◌ி இ ப
க ◌ு ழ ◌ு ◌ா க ◌ா ற ◌் ற ◌ு இ ல ம ◌்
ஓ ல ந ஐ ச இ ய ந ◌் த ◌ி ர ம ◌் ப
வ ◌ா ன ◌ி ல ◌ை ந ங ல ◌ே ள ங ழ வ ◌ு
அ க க ண க ழ ஞ ங ல அ த க இ ஸ ஈ

சாகசம்
காற்று
வளிமண்டலம்
பலூன்
குழு
வம்சாவளி
வடிவமைப்பு
திசை
இயந்திரம்
எரிபொருள்
உயரம்
வரலாறு
ஹைட்ரஜன்
இறங்கும்
பயணி
விமானி
உந்தி
வானம்
வானிலை

61 - Ocean

ஈ	ல	ட	◌ு	ன	◌ா	◌ே	இ	ச	ப	ட	ம	ல	ள	ய
ச	◌ே	எ	◌ு	ந	க	ள	ஹ	ஈ	◌ு	◌ா	◌்	இ	த	ற
ஊ	ஜ	ஒ	ஈ	◌்	ம	ள	வ	ப	ய	ல	ல	ச	ச	இ
உ	இ	ச	எ	வ	ண	ஏ	க	ள	ல	◌்	க	ன	ஏ	ய
இ	ற	◌ா	ல	◌்	ன	ந	ஸ	வ	◌்	ப	◌ி	◌ை	ம	ஆ
ஸ	◌ா	ஏ	த	ப	◌ு	◌்	ப	உ	ஞ	◌ி	ங	உ	◌ீ	ஹ
ள	◌ு	ந	எ	ழ	◌ி	எ	ஐ	ள	ண	ன	◌்	ஸ	ன	ன
த	ச	◌ே	இ	◌ு	ந	ப	ள	ர	ஒ	◌்	ம	ய	◌்	ம
ல	◌ி	ஹ	ன	க	ட	ற	◌்	ப	◌ா	ச	◌ி	ஏ	ற	ஈ
ஹ	◌ா	ந	◌ே	ட	ஒ	ம	க	ச	ழ	ழ	◌ி	ன	ள	த
ண	ப	ண	ஒ	ப	ள	ச	◌ை	ர	◌ி	ஜ	த	ஜ	உ	ச
எ	இ	இ	ன	◌்	ம	◌ீ	ல	◌ி	ல	◌்	◌ெ	ஜ	ன	ஐ
ஹ	ஊ	ஏ	அ	ஞ	உ	ர	அ	ண	ஹ	ஒ	ற	ர	ஆ	இ
ப	◌ே	ய	◌்	க	◌்	க	ண	வ	◌ா	ய	◌்	ட	ய	ஈ
ப	◌ா	ய	◌்	ம	ட	◌ி	க	◌்	க	◌ூ	ற	◌ு	க	ஆ

பாசி
படகு
பவளம்
நண்டு
டால்பின்
மீன்
ஜெல்லிமீன்
பேய்க்கணவாய்
கடற்சிப்பி
பாய்மடிக்கூறு
உப்பு
சுறா
இறால்
கடற்பாசி
புயல்
டுனா
ஆமை
அலைகள்
திமிங்கிலம்

62 - Force and Gravity

ஓ	க	◌ே	ஈ	க	ழ	அ	ஞ	ழ	ர	ங	ல	ஆ	ஞ	எ
ஆ	ச	ழ	ம	ண	அ	ள	த	ஒ	ஊ	ஞ	◌்	க	ஐ	ஐ
க	வ	ஜ	◌்	◌்	ங	வ	ல	◌ா	ஏ	ன	ய	த	ஊ	ஜ
ஓ	ய	ற	ர	ட	ர	◌ு	ங	எ	க	ஊ	வ	ஊ	ம	ஆ
ங	ஜ	ய	◌ே	◌ு	ழ	◌ூ	ஐ	ஞ	ஓ	◌்	◌ி	ந	◌்	அ
ங	ஐ	வ	ந	ப	ஞ	ஐ	த	ம	ர	அ	க	ஓ	க	ழ
க	ஐ	ய	வ	◌ி	◌ா	ள	க	ல	உ	ச	◌்	ம	க	◌ு
உ	◌ூ	ல	வ	ட	ம	◌ை	ய	ம	◌்	◌்	க	◌்	◌்	த
ர	வ	ற	ழ	◌ி	க	◌ு	◌்	ட	க	ச	ய	க	வ	◌்
◌ா	அ	ஒ	◌ு	ப	எ	ட	◌ை	க	ன	◌ு	இ	◌்	◌ா	த
ய	ழ	ம	ல	◌்	ய	ப	◌ி	◌்	ற	ய	இ	க	ர	ம
◌்	ங	◌ே	ஹ	ப	வ	ஏ	ஏ	ஐ	ங	ஈ	ர	ய	◌ி	◌்
வ	ஈ	இ	வ	◌ு	வ	◌ே	க	ம	◌்	ஒ	ஒ	இ	◌ி	ஸ
◌ு	இ	ற	க	◌்	க	◌ா	ற	◌்	ற	ல	◌்	இ	வ	ம
க	◌ா	ந	◌்	த	ப	◌்	ப	◌ு	ல	ம	◌்	அ	ல	இ

அச்சு
மையம்
கண்டுபிடிப்பு
தூரம்
இறக்காற்றல்
விரிவாக்கம்
உராய்வு
தாக்கம்
காந்தப்புலம்
அளவு

இயக்கவியல்
இயக்கம்
கட்குழி
இயற்பியல்
அழுத்தம்
கூறு
வேகம்
நேரம்
உலகளாவிய
எடை

63 - Birds

க	த	ஏ	ஏ	ஞ	ஈ	ஞ	ச	ழ	ஈ	ங	இ	க	ம	வ
ந	◌ு	வ	எ	ள	ன	◌்	ர	◌ா	ெ◌	ஹ	ஏ	ழ	ர	த
எ	த	ர	ஜ	வ	◌்	ட	க	◌்	க	ன	◌்	◌ு	◌ா	ற
ஞ	◌்	த	◌ு	ஓ	க	ள	ர	அ	ஸ	ஆ	ஜ	க	ள	ஞ
ஞ	◌ா	த	எ	வ	ல	ன	◌ி	ர	ை◌	◌ா	ந	◌ு	ம	ல
ஜ	வ	வ	த	அ	◌ி	ச	ழ	◌ி	ீ◌ா	க	த	இ	◌்	ஜ
ச	வ	ன	ஓ	ள	ெ◌	உ	◌ி	ன	க	ஒ	ஒ	ம	ஜ	ஒ
ஆ	த	எ	க	ஜ	ப	ல	க	ே◌	ர	ல	ல	ற	ர	ஓ
ஞ	க	இ	ம	அ	ஒ	ஓ	ீ◌ா	க	◌ா	க	◌்	◌ா	க	ச
ல	ஓ	க	ஓ	எ	ல	ன	க	◌ா	ம	ன	◌ு	◌ி	ண	எ
ம	◌ு	ட	◌்	ட	ை◌	ஞ	◌்	க	ச	இ	க	ஜ	ய	ய
ழ	ஈ	ஒ	த	ஜ	ழ	ஸ	◌ீ	ம	ஈ	ம	ந	க	த	ம
இ	ங	ஸ	ஏ	க	ஒ	த	த	◌்	அ	ன	◌்	ன	ம	◌்
ச	ஓ	ஈ	ண	அ	ல	ள	ஹ	ப	ர	◌ு	ந	◌்	த	◌ு
ப	ெ◌	ன	◌்	க	◌ு	ய	◌ி	ன	◌்	ற	ள	இ	ஆ	ன

கேனரி
கோழி
காகம்
காக்கா
கழுகு
முட்டை
மராளம்
வாத்து
குல்
பருந்து

ஹெரான்
தீக்கோழி
கிளி
மயில்
பெலிகன்
பென்குயின்
குருவி
நாரை
அன்னம்
டக்கன்

64 - Nutrition

எ	க	ம	வ	ஜ	இ	க	இ	அ	உ	ஜ	உ	ஆ	ங	ழ
இ	ஆ	ற	ஓ	இ	ழ	ழ	ஹ	ர	ண	ம	ட	ஸ	ஆ	ள
வ	வ	ல	ம	ன	இ	இ	ண	ள	◌்	ஓ	ல	எ	ள	ர
ஆ	◌ை	ட	எ	ஃ	ல	ஜ	ர	ந	ண	ஆ	◌்	ம	ர	த
ப	◌ு	ர	த	ங	◌்	க	ள	◌்	க	ர	ந	◌்	க	ப
அ	ச	ந	ற	ஸ	த	வ	◌்	ஊ	◌்	◌ோ	ல	ன	ல	ழ
ட	ர	இ	ம	ச	த	ந	க	ஆ	க	க	ம	ம	◌ோ	க
ஓ	ய	ர	ய	◌ா	◌்	ஜ	ங	ஹ	◌ூ	◌்	◌ு	◌ா	ர	◌்
ம	ம	ட	ற	ஸ	த	வ	◌்	ஓ	ட	க	ட	ர	◌ி	க
ஃ	ஏ	ய	◌்	◌்	◌ி	ள	ய	ல	◌ி	◌ி	◌ை	◌ி	க	ங
ழ	எ	ற	ல	ல	◌ொ	உ	ன	த	ய	ய	ய	◌ெ	ள	◌்
ஆ	ஐ	◌ே	ம	◌ா	ந	ள	◌ி	அ	த	ம	◌ி	ச	◌்	க
ச	ம	ஞ	இ	◌ா	ர	ன	◌ா	ச	◌ு	◌்	ச	ந	ஒ	ள
ஊ	ட	◌்	ட	ச	◌்	ச	த	◌்	த	◌ு	ப	ஞ	த	◌்
ஞ	ஞ	ஓ	ண	ம	த	◌ி	ர	வ	ங	◌்	க	ள	◌்	அ

பசி
கலோரிகள்
தானியங்கள்
டயட்
செரிமானம்
உண்ணக்கூடியது
நொதித்தல்
சுவை
பழக்கங்கள்
ஆரோக்கியம்
உடல்நலமுடைய
திரவங்கள்
புரதங்கள்
தரம்
சாஸ்
மசாலா
நச்சு
ஊட்டச்சத்து
எடை

65 - Hiking

வ	ர	◌ை	ப	ட	ம	◌்	வ	ள	ஒ	ஆ	ம	ஓ	த	இ
ஏ	ந	ஐ	த	ல	◌்	ச	◌ி	ம	த	ர	ண	க	ய	ஊ
ல	ங	வ	த	ஐ	க	ங	ல	ல	◌ை	ந	◌ி	ல	◌ா	க
ஈ	வ	ச	◌ே	ர	◌ா	ல	ங	◌ை	◌்	ர	ஜ	ன	ர	வ
இ	ம	க	ஆ	ஐ	◌ு	அ	◌்	ன	த	ஊ	ஈ	ழ	◌ி	◌ா
ர	க	வ	ஆ	ஸ	ம	ண	க	◌ி	ட	ற	வ	ண	ப	ர
க	◌ா	ட	◌்	ட	◌ு	ல	◌ு	◌ா	ந	ன	உ	ஊ	◌்	◌்
ஜ	ள	◌ே	ஜ	எ	ஓ	ற	க	வ	ஓ	வ	இ	ஜ	ப	◌ோ
ச	◌ூ	ர	◌ி	ய	ன	◌்	ள	◌்	க	◌்	ற	க	◌ு	ச
ஏ	ந	ஐ	ன	ஞ	ண	ற	◌்	க	வ	அ	உ	க	அ	ஈ
ந	ஒ	உ	ச	◌்	ச	◌ி	ம	◌ா	ந	◌ா	ட	◌ு	ன	ஒ
ந	இ	ய	ற	◌்	க	◌ை	ள	ய	ஞ	ங	ர	ஆ	ஒ	ழ
ஹ	◌ீ	க	◌ொ	ச	◌ு	க	◌்	க	ள	◌்	ய	ர	ஹ	ம
ள	எ	ர	ப	◌ூ	ங	◌்	க	◌ா	க	◌்	க	ள	◌்	ல
ற	ச	ள	◌்	க	ட	◌ி	ட	◌்	க	◌ா	◌ி	ழ	வ	◌ை

விலங்குகள்
முகாம்
காலநிலை
வழிகாட்டிகள்
கன
வரைபடம்
கொசுக்கள்
மலை
இயற்கை
நடத்தை

பூங்காக்கள்
தயாரிப்பு
கற்கள்
உச்சிமாநாடு
சூரியன்
சோர்வாக
நீர்
வானிலை
காட்டு

66 - Professions #1

த	இ	க	க	ண	வ	ஒ	ஈ	உ	ம	ந	ம	வ	ஈ	ற
ஆ	◌ு	ய	ண	ங	ங	ஒ	வ	ஈ	◌ா	ள	ர	வ	ய	ஜ
ச	வ	த	ற	க	ச	ம	◌ே	ல	ல	ங	◌ூ	ழ	க	வ
◌ி	◌ி	ச	◌ூ	◌்	◌்	ய	ஏ	எ	◌ூ	ய	த	க	◌்	ங
ர	ஞ	க	இ	வ	ப	க	ஊ	ர	ம	ஆ	◌்	◌்	க	◌்
◌ி	◌்	ங	ள	ற	ர	◌ி	◌ா	த	◌ி	◌ா	த	க	ம	க
ய	ஞ	ம	ஊ	◌ே	◌்	◌்	ய	ள	எ	இ	◌ூ	ற	◌்	◌ி
ர	◌ா	ஹ	ஆ	ள	ஞ	ஒ	ஹ	ல	ர	◌ே	வ	◌ி	ம	ய
◌்	ன	க	ல	ர	◌ை	ஈ	ஈ	எ	◌ா	◌்	ர	ஞ	◌ி	◌ா
ஜ	◌ி	எ	ற	த	ல	ம	க	◌ே	ஏ	ள	◌்	ர	ய	ள
ஹ	◌ே	எ	ஓ	அ	க	எ	ச	ந	க	ஒ	ர	◌்	ர	ர
ப	ய	◌ி	ற	◌்	ச	◌ி	ய	◌ா	ள	ர	◌்	◌்	◌்	◌்
இ	ச	◌ை	க	◌்	க	ல	◌ை	ஞ	ர	◌்	ஆ	ல	ன	இ
ந	க	◌ை	க	◌்	க	ட	◌ை	இ	ஜ	ஈ	ண	ற	ந	இ
ஈ	ஊ	ழ	ந	ட	ன	ம	◌ா	ட	◌ூ	ப	வ	ர	◌்	ஏ

கணக்காளர்
தூதுவர்
கலைஞர்
வழக்கறிஞர்
வங்கியாளர்
பயிற்சியாளர்
நடனமாடுபவர்
மருத்துவர்
ஆசிரியர்
நகைக்கடை
இசைக்கலைஞர்
தாதி
இயற்பியலாளர்
ஈயக்கம்மியர்
மாலுமி
விஞ்ஞானி

67 - Barbecues

க	எ	ஸ	ஒ	அ	த	ள	த	ஆ	ப	எ	ள	எ	ன	ஆ
◌ு	வ	ண	உ	ர	த	ஊ	ல	க	◌ு	ழ	◌ி	ெ◌ா	க	ந
ட	க	த	◌்	த	◌ி	க	ள	◌்	◌்	ர	ம	த	ஏ	ஈ
◌ு	இ	ஏ	ஓ	ல	ே◌	ந	ழ	ஜ	ப	க	ஸ	◌்	◌ா	ச
ம	ச	க	ெ◌ா	ட	ை◌	க	வ	வ	உ	த	◌ா	ஒ	வ	ஞ
◌்	ை◌	ள	ஜ	வ	ன	எ	ஹ	ர	ர	ர	ர	ள	ஜ	ள
ப	வ	ள	◌்	க	ட	◌ு	ட	◌்	ய	◌ா	ள	ை◌	◌ி	வ
ம	ய	◌்	க	ர	◌ா	எ	க	ற	ஜ	இ	ஏ	ல	ச	ழ
◌்	க	க	ழ	உ	◌ூ	ஓ	இ	ஈ	க	ே◌	ய	ஒ	ப	ச
ங	ஆ	ர	த	ல	ச	ஜ	க	ஓ	◌ி	ஓ	ஓ	ற	ஆ	த
ல	ஸ	◌்	வ	◌ு	ண	உ	◌ு	வ	ர	இ	அ	எ	ஓ	த
ஈ	ஒ	ப	ஞ	வ	◌ு	ண	உ	ய	◌ி	த	ம	ஹ	ண	ங
த	ன	◌்	ம	ஹ	எ	ந	ஏ	ஆ	ல	இ	ள	அ	ஒ	ண
ஒ	ழ	ண	ஏ	ே◌	ய	ஸ	◌்	க	◌்	ர	◌்	ெ◌ா	ப	ஃ
வ	ஈ	ந	க	◌ு	ழ	ந	◌்	த	ை◌	க	ள	◌்	ற	ற

கோழி
குழந்தைகள்
இரவு உணவு
குடும்பம்
உணவு
ஃபோர்க்ஸ்
நண்பர்கள்
பழம்
விளையாட்டுகள்
கிரில்
சூடான
பசி
கத்திகள்
மதிய உணவு
இசை
உப்பு
சாஸ்
கோடை
தக்காளி

68 - Vegetables

ஊ	ஓ	ள	ய	ஊ	ஞ	ட	க	ஆ	ள	வ	ஊ	ற	ச	◌ே
ம	◌ு	ள	◌்	ள	ங	◌்	க	◌ி	ல	ள	ஊ	வ	◌ெ	ஏ
ஐ	ப	ற	க	ஆ	ஆ	ர	ப	◌ே	ஸ	◌ி	அ	ன	ல	ஜ
ஐ	◌்	க	◌ா	◌ூ	ஆ	◌ே	ள	◌ா	த	க	வ	◌ே	ர	ர
ப	ர	◌ா	க	ட	ன	க	வ	ஓ	ர	◌ா	ஓ	◌்	◌ி	ந
◌ூ	◌ோ	ள	◌்	ர	ர	◌ை	க	◌ீ	க	◌்	◌ை	ல	ச	ப
ச	க	◌ா	ர	◌்	◌ி	அ	ப	ச	ல	க	ஸ	ஹ	ஜ	ள
ண	◌்	ன	◌ி	ன	ள	ஏ	ய	◌்	க	த	இ	◌்	ஊ	த
◌ி	க	◌்	த	◌ி	ள	ஜ	ச	ஹ	ப	த	ஞ	ந	ல	ண
க	◌ோ	ல	◌ி	ப	◌்	அ	எ	ய	ஆ	◌ூ	◌்	இ	உ	◌ி
◌்	ல	ஈ	◌்	◌்	◌ெ	ச	◌ா	ல	ட	◌்	ச	வ	ள	ட
க	◌ி	ந	த	ற	வ	ஊ	ஐ	ஆ	இ	ஏ	◌ி	ந	ஸ	◌ா
◌ா	ஹ	ஏ	க	வ	◌ெ	ங	◌்	க	◌ா	ய	ம	◌்	க	◌்
ய	க	◌ா	ல	◌ி	ஃ	ப	◌ி	ள	வ	ர	◌்	ஏ	ன	ட
◌்	ஓ	ப	◌ூ	ண	◌்	ட	◌ு	இ	◌ே	ள	◌ே	ர	ஆ	ப

கூனைப்பூ
ப்ரோக்கோலி
கேரட்
காலிஃப்ளவர்
செலரி
வெள்ளரி
கத்திரிக்காய்
பூண்டு
இஞ்சி
காளான்
ஆலிவ்
வெங்காயம்
பார்ஸ்லி
பட்டாணி
பூசணிக்காய்
முள்ளங்கி
சாலட்
பசலைக்கீரை
தக்காளி
டர்னிப்

69 - The Media

இ	த	ழ	◌்	க	ள	◌்	வ	ள	எ	உ	த	ஹ	எ	வ
க	ல	ற	ங	◌ி	க	இ	◌ி	க	ஒ	ண	ன	ஜ	ஞ	ல
க	ர	ப	ர	ண	ர	வ	ள	ஜ	ய	◌்	◌ி	ே◌	ட	ை◌
த	ழ	◌ு	த	வ	எ	◌ி	ம	ஏ	ஜ	ம	ப	ந	◌ி	ப
ள	ய	ர	த	ன	ர	ஜ	◌்	ே◌	ச	ை◌	◌்	◌ி	ஜ	◌்
வ	த	◌்	◌ு	◌்	த	◌ீ	ப	ஜ	ச	க	ப	த	◌ி	ப
எ	ஆ	ட	◌ொ	ல	த	வ	ர	உ	வ	ள	ட	◌ி	ட	◌ி
ஓ	க	◌ொ	ப	ை◌	அ	◌ு	ங	ஏ	ள	◌்	◌்	இ	◌்	ன
ண	ள	த	ந	◌்	வ	◌ி	◌்	ல	க	◌்	ட	ஊ	ட	◌்
ண	ஈ	ம	ள	ன	ச	ற	க	வ	ஆ	ர	ள	ஒ	ல	ன
ம	ச	ஈ	ண	ஆ	அ	அ	ள	த	◌ா	ஏ	ஓ	◌ு	◌்	ல
ப	த	◌ி	ப	◌்	ப	◌ு	◌்	ஜ	ஹ	ன	ழ	ே◌	ர	◌்
எ	ச	◌ி	ட	◌்	க	◌ா	க	◌்	ல	ை◌	◌ொ	த	க	◌்
இ	ஏ	ன	ஓ	த	◌ொ	ழ	◌ி	ல	◌்	ம	வ	ல	ஒ	ஓ
ப	◌ு	க	ை◌	ப	◌்	ப	ட	ங	◌்	க	ள	◌்	◌ி	ஜ

விளம்பரங்கள்
வணிக
தொடர்பு
டிஜிட்டல்
பதிப்பு
கல்வி
உண்மைகள்
நிதி
தனிப்பட்ட
தொழில்

அறிவுஜீவி
உள்ளூர்
இதழ்கள்
வலைப்பின்னல்
ஆன்லைன்
கருத்து
புகைப்படங்கள்
பொது
வானொலி
தொலைக்காட்சி

70 - Activities and Leisure

ஸ	ண	ர	ந	ல	ம	ட	இ	க	ஜ	த	க	◌ே	ஊ	ப
உ	ஜ	ண	உ	◌்	◌ு	◌ெ	ஆ	◌ூ	ற	◌ே	◌ு	ற	ஹ	◌ே
ண	ர	ச	ர	த	க	ன	ம	ட	ஸ	◌ா	த	ஒ	ந	ஸ
ஓ	ல	ஈ	வ	த	◌ா	◌்	ஜ	◌ை	வ	ட	◌்	ந	◌ீ	◌்
ழ	ர	ஓ	ழ	◌்	ம	ன	ஞ	ப	ஒ	◌்	த	ட	ச	ப
த	ண	இ	வ	ட	◌்	◌ி	ய	◌்	ந	ட	◌ு	◌ை	◌்	◌ா
◌ு	உ	ள	ர	◌ி	அ	ஸ	எ	ப	◌ி	ம	ச	ப	ச	ல
ந	ல	த	ல	ப	ய	◌்	இ	ந	த	◌்	◌்	ய	ல	◌்
◌்	இ	ச	ண	◌ி	ந	ம	ல	◌்	◌ா	ஓ	ச	ண	◌்	ங
ப	வ	ழ	ங	ன	ச	ண	◌்	த	ன	ஆ	ண	ம	ஊ	ள
ப	ழ	ஸ	ஹ	◌்	◌ே	ய	வ	◌ு	ம	ச	◌்	◌்	ன	ஸ
◌்	ஹ	அ	ஹ	◌ீ	ஓ	ப	◌ா	ஊ	◌ா	இ	ட	ல	இ	உ
◌ை	ர	ஓ	ழ	ம	◌ே	ஆ	ல	ள	க	வ	◌ை	ண	ஈ	த
க	◌ோ	ல	◌்	ஃ	ப	◌்	உ	ல	ங	த	ல	◌ே	ண	த
ன	ள	ழ	த	◌ு	ந	◌்	ப	ல	◌்	◌ா	க	ஒ	எ	ள

கலை
பேஸ்பால்
கூடைப்பந்து
குத்துச்சண்டை
முகாம்
மீன்பிடித்தல்
தோட்டம்
கோல்ஃப்
நடைபயணம்
ஓவியம்
நிதானமாக
கால்பந்து
உலாவல்
நீச்சல்
டென்னிஸ்
பயணம்
கைப்பந்து

71 - Driving

வ	ஏ	வ	ழ	அ	ஆ	த	ஏ	ஐ	ல	ஆ	க	ன	வ	உ
ஸ	ே	ர	ி	ச	ா	த	ா	ப	க	ப	ா	ல	ர	ர
ஒ	அ	க	இ	ப	ஞ	ஞ	அ	ங	ே	த	வ	ப	ை	ி
எ	ங	ச	ம	ஹ	த	ி	ீ	வ	ர	்	ல	ோ	ப	ம
ல	ர	வ	ஈ	்	ழ	்	த	க	ே	த	்	க	ட	ம
அ	்	ி	ஞ	உ	எ	ச	த	ய	ஜ	ு	ர	்	ம	்
ஸ	ா	ம	ப	ர	்	ன	ட	ு	்	ட	ஓ	க	்	த
ந	க	ல	ே	ொ	உ	ர	ஐ	ா	ே	ர	ற	ு	ல	ெ
ர	இ	ம	ஏ	ன	ர	ன	அ	வ	ழ	ன	ற	வ	ஊ	ர
ங	ஒ	ஊ	ஐ	ழ	ண	ு	ண	ே	ஞ	ய	வ	ர	த	ு
வ	வ	உ	ண	இ	ஏ	ய	ள	ர	உ	க	ஊ	ந	௫	ஓ
ய	ஞ	ஸ	ஆ	த	ள	ம	ர	்	ட	ா	ட	்	ோ	ம
ஆ	ப	ி	ர	ே	க	்	க	ு	க	ள	்	த	வ	ற
ப	ா	த	ு	க	ா	ப	்	ப	ு	ள	இ	ு	உ	அ
ப	ே	ர	ு	ந	்	த	ு	அ	ம	ஏ	ள	ய	ச	ஆ

விபத்து
பிரேக்குகள்
பேருந்து
கார்
ஆபத்து
ஓட்டுனர்
எரிபொருள்
கேரேஜ்
வாயு
உரிமம்
வரைபடம்
மோட்டார்
பாதசாரி
காவல்
வீதி
பாதுகாப்பு
வேகம்
தெரு
போக்குவரத்து

72 - Biology

இ க த ஆ க உ க ஒ ப ன ◌ே ள ஊ ல ப
ய ஸ ர வ ◌ொ ட ◌ு த ல ◌ு ள உ த ◌் ◌ா
ற ஓ ச ◌ு ல ற ர ◌் ர உ ர ச ழ ய ல
◌் ன ன ஐ ◌ா ◌் ◌ோ த இ ஊ ஒ த ஆ ப ◌ூ
க ஐ ◌் ஐ ஜ க ம ◌ி ள ஏ ன ◌ி ம ◌ி ட
◌ை ஓ ம ய ன ◌ூ ◌ோ ச ழ ழ ழ ◌ா ◌் ◌் ◌்
ற ந ◌ோ ஐ ◌் ற ச ◌ை ◌ே ன ன ◌ெ ம ம ட
அ ன ர ற ழ ◌ி ◌ோ வ ந அ உ ந ண ர ◌ி
ஊ ர ◌் வ ன ய ம ◌ு ஒ ர ஹ க ◌ா ந வ
ச ர ◌ா எ ஞ ல ◌் ல க ப ஒ உ ◌ி ◌ே ள
ஓ உ ஹ ம ஓ ◌் ண ச ந ஹ ◌ு ஜ ர ந ம
ச வ ◌் வ ◌ூ ட ◌ு ப ர வ ல ◌் ப எ ஆ
ச ஊ ஈ ந ச ஞ க ம ◌ா ற ◌் ற ம ◌் ஜ
ந ◌ு ண ◌் ண ◌ு ய ◌ி ர ◌ி க ள ◌் ர ந
ஒ ள ◌ி ச ◌் ச ◌ே ர ◌் க ◌் க ◌ை உ ந

உடற்கூறியல்
நுண்ணுயிரிகள்
அறை
குரோமோசோம்
கொலாஜன்
கரு
நொதி
பரிணாமம்
ஹார்மோன்
பாலூட்டி
மாற்றம்
இயற்கை
நரம்பு
நரம்பியல்
சவ்வூடுபரவல்
ஒளிச்சேர்க்கை
புரதம்
ஊர்வன
ஒத்திசைவு

73 - Emotions

ப	◌ு	ப	◌்	◌ி	ல	ச	ன	ஏ	ற	ப	ஞ	ம	ஏ	அ
ஐ	◌ே	ல	ஒ	எ	ய	ல	ழ	ஆ	ள	ய	ஏ	◌்	அ	ன
ந	ந	ர	ஒ	ல	எ	ஹ	ஸ	ஹ	ல	ம	ங	ண	ல	◌ு
ஈ	ன	த	◌ி	ப	◌்	ர	◌ு	◌ி	த	◌்	ம	ர	ல	த
ம	ஏ	◌்	ஏ	ன	ள	ம	உ	ஐ	ம	ழ	த	வ	இ	◌ா
ஸ	எ	ங	ற	இ	◌்	ர	வ	ர	◌்	வ	◌ி	◌ா	அ	ப
ம	ம	ச	ஸ	◌ி	ன	ப	ஏ	ன	க	ச	◌ை	◌ி	க	ம
◌்	ய	◌ி	ஏ	ஸ	ய	ஜ	ம	ய	க	ஊ	ம	ந	ம	◌்
ய	அ	ச	ஐ	ஒ	ச	◌ு	ஓ	◌்	◌்	ஹ	அ	ற	◌ா	ஓ
ர	◌ே	◌்	எ	வ	ண	ற	ட	எ	ட	ஏ	ஒ	ம	ன	ஆ
◌ி	ண	ழ	◌ே	ஏ	ள	ஒ	இ	ன	ள	ஹ	ங	ஒ	த	ஏ
ச	ங	◌்	க	ட	ப	◌்	ப	ட	◌்	ண	ங	ய	◌ா	ர
◌்	இ	◌ி	க	◌ோ	ப	ம	◌்	அ	ள	ஏ	ஊ	ஓ	◌ி	இ
ச	ஊ	க	ச	◌ோ	க	ம	◌்	◌ே	உ	ண	ஸ	ண	ந	ர
ஆ	க	ம	◌்	க	◌்	க	ர	இ	ம	◌ெ	ன	◌்	ம	◌ை

கோபம்
பேரின்பம்
சலிப்பு
உள்ளடக்கம்
சங்கடப்பட
பயம்
நன்றியுடன்
மகிழ்ச்சி
இரக்கம்

காதல்
அமைதி
நிதானமாக
நிவாரணம்
சோகம்
திருப்தி
ஆச்சரியம்
அனுதாபம்
மென்மை

74 - Mythology

உ	ண	ஈ	ய	ஆ	ஈ	எ	ம	அ	உ	ஐ	ன	ஈ	ஐ	க
ஒ	ர	◌ோ	◌ீ	ஹ	க	ன	◌ி	ம	ய	ழ	ஆ	ஈ	ழ	ல
ஸ	ம	◌ு	இ	இ	ந	ஒ	ன	◌ி	◌ி	ண	ஐ	◌ே	ஒ	◌ா
ல	ஈ	ஐ	வ	ஆ	ஓ	ச	◌்	ர	ர	ஆ	உ	ள	ப	ச
ஊ	ந	ந	◌ு	◌ா	ஓ	ண	ன	◌்	◌ி	ஊ	ஒ	◌்	ழ	◌்
ண	த	ன	ழ	ப	க	ற	ல	த	ன	ர	ள	க	◌ி	ச
இ	◌ை	ஹ	◌ி	ஈ	◌ொ	◌்	◌்	ம	ம	◌ி	ஸ	ங	வ	◌ா
ஓ	◌்	ச	ர	ந	ஒ	ற	க	◌்	◌்	த	ன	◌்	◌ா	ர
ஏ	த	ஈ	◌ே	ஆ	உ	◌ி	◌ா	ம	◌ை	◌ி	ல	வ	ங	ம
இ	ட	◌ி	ப	ய	ய	ற	ம	ம	◌்	ம	◌ா	ய	◌்	◌்
அ	ந	ய	ம	◌ே	ந	◌்	ஒ	அ	◌ை	◌ா	க	◌்	க	ஆ
ஞ	ல	ஆ	த	ள	அ	◌ெ	எ	ற	இ	ன	க	◌ெ	◌ு	த
அ	ச	◌ு	ர	ன	◌்	வ	ஸ	ஹ	ஊ	◌்	◌்	த	த	த
ஊ	ர	◌ா	ட	◌்	ச	◌ி	ங	ந	◌ே	◌ு	◌ி	த	ல	க
இ	அ	வ	ஒ	ர	ஆ	ய	த	உ	ல	ம	ச	உ	◌்	உ

முன்மாதிரி
நடத்தை
உருவாக்கம்
உயிரினம்
கலாச்சாரம்
தெய்வங்கள்
பேரழிவு
ஹீரோ
அமிர்தம்
பொறாமை
சிக்கலான
மின்னல்
அசுரன்
மரண
பழிவாங்குதல்
வலிமை
இடி
வெற்றி
ஊராட்சி

75 - Agronomy

க	வ	ச	◌ு	ற	◌்	ற	◌ு	ச	◌்	ச	◌ூ	ழ	ல	◌்
அ	◌ா	◌ி	◌ே	ற	ப	◌ு	ப	◌்	ம	ர	◌ா	◌ி	க	ஐ
ந	ம	ய	வ	ழ	ஈ	ழ	ய	உ	ர	ஹ	ல	ஈ	ஓ	க
◌ீ	ள	◌ை	◌்	ச	◌ு	◌ா	ம	த	உ	ஊ	◌்	ஆ	ள	ர
ர	ச	ந	ப	க	◌ா	ச	◌ூ	ழ	ல	◌ி	ய	ல	◌்	◌ி
◌்	ல	ஹ	◌ு	◌்	ற	ய	எ	ஆ	ஸ	இ	வ	◌்	க	ம
வ	ந	ஓ	ப	ஜ	ப	◌ி	ம	ஏ	ச	ர	◌ி	ற	த	ஓ
ஐ	ந	ஸ	◌்	ல	ஆ	◌ு	க	◌்	◌ி	எ	◌ி	◌்	◌ை	ல
ஸ	ற	ஸ	◌ி	ஊ	ச	வ	க	ள	ச	ஓ	ற	ற	◌ி	ஸ
ந	உ	ஆ	ட	ஒ	ண	ண	ங	ள	◌்	ஐ	அ	ஆ	வ	எ
ஞ	ஆ	வ	ப	ஆ	ஊ	உ	ஸ	ள	◌்	க	ட	◌ி	◌ெ	ச
அ	ர	◌ி	ப	◌்	ப	◌ு	க	ர	ர	ல	ற	ங	ள	ஈ
உ	ற	◌்	ப	த	◌்	த	◌ி	த	ள	அ	ச	ள	உ	ஈ
ஞ	ஏ	ண	ஐ	◌ே	ல	ஈ	ஏ	அ	வ	ச	ஞ	ஸ	த	ஓ
ன	ஸ	த	அ	ஜ	ஈ	ந	ந	◌ோ	ய	◌்	க	ள	◌்	ர

விவசாயம்
நோய்கள்
சூழலியல்
ஆற்றல்
சுற்றுச்சூழல்
அரிப்பு
உரம்
உணவு
வளர்ச்சி
கரிம
செடிகள்
மாசு
உற்பத்தி
கிராமப்புற
அறிவியல்
விதைகள்
படிப்பு
அமைப்புகள்
காய்கறிகள்
நீர்

76 - Hair Types

ல	ள	உ	க	ஒ	ங	ற	ஸ	ம	ஹ	◌ே	ஸ	ர	ஞ	உ
ஈ	ங	ன	ச	ஹ	ஜ	ஸ	ம	ஹ	ஞ	வ	ஐ	ஹ	ம	ட
ப	ட	◌ை	ட	◌்	ர	◌ு	◌ு	ச	ண	ள	ண	ஜ	ழ	ல
◌ு	ள	ன	த	ஊ	ச	ப	க	◌ு	ற	◌ு	க	◌ி	ய	◌்
ப	◌ி	ப	ஹ	ஹ	ன	ந	◌ி	ஸ	ர	◌ே	உ	ய	ப	ந
◌்	ள	வ	ள	ள	உ	ம	◌்	ன	ஜ	ட	◌ை	ஞ	ழ	ல
◌ு	◌்	ழ	◌்	ப	ஏ	ள	த	த	◌்	◌ி	ட	த	◌ு	ம
ர	◌ெ	◌ு	ர	ங	◌்	ர	ல	உ	ல	ன	ன	ஒ	ப	◌ு
க	வ	க	◌ு	உ	உ	ப	த	ழ	ண	◌ை	ல	ஐ	◌்	ட
ண	ஊ	◌்	◌ு	த	ஹ	ண	◌ா	ஏ	ங	எ	ய	◌்	ப	◌ை
ந	ங	க	ச	ஏ	ல	ர	ஐ	ன	ண	ன	ற	◌ி	◌ு	ய
ஆ	ஊ	◌ை	ம	◌ெ	ன	◌்	ம	◌ை	ய	◌ா	ன	ந	ல	ழ
ச	◌ா	ம	◌்	ப	ல	◌்	ம	◌ெ	ல	◌்	ல	◌ி	ய	◌்
ந	◌ீ	ண	◌்	ட	வ	◌ெ	ள	◌்	ள	◌ை	ஒ	த	ங	ஈ
ச	ல	ஞ	ஈ	ஆ	ச	ம	இ	ஏ	ஏ	ஒ	ண	இ	ந	த

வழுக்கை
கருப்பு
பின்னல்
ஜடை
பழுப்பு
சுருட்டை
சுருள்
உலர்
சாம்பல்
உடல்நலமுடைய

நீண்ட
உச்சந்தலையில்
பளபளப்பான
குறுகிய
வெள்ளி
மென்மையான
தடித்த
மெல்லிய
வெள்ளை

77 - Garden

ஈ	எ	உ	ள	த	◌ா	ழ	◌்	வ	◌ா	ர	ம	◌்	ஆ	ங
ந	ன	ண	◌ி	◌ி	த	ட	ப	◌ா	ற	ை◌	க	ள	◌்	ன
ச	ஸ	ய	வ	ஹ	ல	◌ி	ே◌	வ	ந	◌ு	ஐ	எ	ஜ	ய
ங	ந	த	ெ◌	ஹ	ஒ	ம	எ	ஒ	ம	ப	◌ு	ஷ	◌்	ஓ
ர	ஜ	ச	ல	ஹ	ஹ	◌ா	ந	ம	ற	ர	க	இ	ர	க
ப	ழ	த	◌்	த	◌ோ	ட	◌்	ட	ம	◌்	ம	ங	ே◌	ள
ஞ	ழ	ம	◌ு	ந	ங	ை◌	◌ி	த	ஜ	ழ	உ	◌்	ே◌	ை◌
ே◌	ஜ	ச	ப	ற	ற	ட	எ	◌்	◌ோ	ர	ண	ஏ	க	க
எ	ே◌	க	த	ய	ற	◌்	ல	ஒ	ட	ட	ந	ங	ண	ள
இ	ந	ஹ	ழ	எ	உ	◌ொ	ச	வ	ல	ற	◌்	ஐ	எ	◌்
ங	ல	ற	ங	ஐ	ர	ம	◌்	ள	◌ு	க	வ	ட	ர	ஹ
வ	◌ி	ச	◌ி	ப	◌்	ப	ல	க	ை◌	ய	ே◌	ன	ம	ங
ஊ	ஞ	◌்	ச	ற	◌்	ப	ட	◌ு	க	◌்	க	ை◌	ள	◌்
ட	◌ி	ர	◌ா	ம	◌்	ப	◌ோ	ல	◌ி	ன	◌்	ஞ	ள	ன
க	◌ு	ழ	◌ா	ய	◌்	அ	ஓ	த	ப	◌ு	ல	◌்	ழ	ஊ

விசிப்பலகை
புஷ்
வேலி
பூ
கேரேஜ்
தோட்டம்
புல்
ஊஞ்சற்படுக்கை
குழாய்
புல்வெளி
பழத்தோட்டம்
குளம்
தாழ்வாரம்
வறட்டி
பாறைகள்
திணி
மொட்டை மாடி
டிராம்போலின்
மரம்
களைகள்

78 - Diplomacy

அ ய ல ் ந ா ட ு ம ண ஒ ஆ த ஒ இ
அ ர ச ி ய ல ் ர ஸ ே ல ல ீ ப ற
ந ெ ற ி ம ு ற ை க ள ் ோ ர ் ச
அ ே ஒ ள ஏ வ ஜ ஐ ஈ ஏ த ச ் ப ய
ஞ ஈ ம ் ல ய ி ங ற ஞ ோ க வ ந ர
ச ஜ ஜ க ள உ ச வ ஈ உ ம ர ு ் வ
ஆ ம ் க ர த ூ த ா ஹ ய ் ஞ த ல
த ீ ர ் ம ா ன ம ் த ஒ இ அ ம ன
ி ே இ ம ் க ூ ம ச ந ம இ ர ் ற
ீ ழ ஐ ட இ ள ஹ ந அ ற ே ் ச ம ே
ந ே இ ி ம ொ ழ ி க ள ் ர ு ம ே
ஜ ந ப ு ப ் க ா த ு ா ப ் வ ஒ
ஒ ஐ ஹ க த ூ த ு வ ர ் ஸ ந ம ச
ஒ த ் த ு ழ ை ப ் ப ு ச ஐ ஹ ை
ம ன ி த ா ப ி ம ா ன ம ் உ ஆ ஹ

ஆலோசகர்
தூதுவர்
குடிமக்கள்
சமூகம்
மோதல்
ஒத்துழைப்பு
விவாதம்
தூதரகம்
நெறிமுறைகள்
அயல்நாடு
அரசு
மனிதாபிமானம்
நேர்மை
நீதி
மொழிகள்
அரசியல்
தீர்மானம்
பாதுகாப்பு
தீர்வு
ஒப்பந்தம்

79 - Countries #1

ர	இ	ே	ஒ	ந	அ	ச	க	ஜ	க	வ	ஸ	இ	ல	ஒ
எ	த	ழ	ஈ	ி	ங	ப	ெ	ன	ம	எ	ஊ	த	ஏ	ர
க	்	க	ஜ	க	க	ி	ர	ன	ட	ொ	ஒ	க	ங	ஆ
ி	த	எ	ள	ர	ங	ர	ு	்	க	ா	ர	ல	ந	ஜ
ப	ா	ய	ஒ	க	ஞ	ே	ம	ய	ஸ	ல	ே	ா	ற	ஊ
்	ல	ஹ	ச	ு	த	ச	ே	ி	வ	ல	்	ச	க	ஜ
த	ி	ச	ய	வ	ு	ி	ன	ப	ப	க	ன	ு	ல	ோ
ு	அ	ஒ	ங	ா	ந	ல	ி	ெ	ன	ஊ	ல	ன	ா	க
ஈ	ர	ா	க	்	்	்	ய	்	ா	ஒ	த	ி	ட	ஜ
ன	உ	வ	ஓ	ந	ல	ய	ா	ஸ	ம	ந	ு	ெ	்	ய
ங	ன	ே	த	அ	ா	ஏ	ற	ழ	ா	ள	ந	வ	வ	உ
ஜ	ெ	ர	்	ம	ன	ி	ண	ய	வ	ஊ	்	ஏ	ி	க
ஒ	ம	்	ல	ள	்	இ	ஸ	்	ர	ே	ல	்	ய	ல
ஜ	ஜ	ா	ஜ	ஹ	ி	ஞ	ச	ம	ே	ஞ	ோ	ஸ	ா	ந
எ	ஜ	ந	ய	ா	ப	ி	ி	ல	ங	ஒ	ப	எ	ஹ	ள

பிரேசில்
கனடா
எகிப்து
பின்லாந்து
ஜெர்மனி
ஈராக்
இஸ்ரேல்
இத்தாலி
லாட்வியா
லிபியா
மொராகோ
நிகரகுவா
நார்வே
பனாமா
போலந்து
ருமேனியா
செனகல்
ஸ்பெயின்
வெனிசுலா

80 - Immigration

எ	ன	ஐ	ச	ஆ	ள	எ	ஓ	உ	ய	த	ஈ	த	அ	ஒ
◌ே	ஆ	ர	ண	◌ெ	க	◌ா	ல	க	◌்	க	◌ெ	ட	◌ு	ப
ஹ	ஒ	ர	ஞ	உ	ய	ஓ	ஒ	ச	ண	இ	ஜ	◌ு	எ	◌்
ஞ	வ	உ	ன	ஆ	உ	ல	ள	ன	ச	ஒ	ஹ	◌ீ	ண	ப
ல	ஐ	ந	ள	உ	எ	ப	◌்	ற	ண	அ	ள	வ	ஆ	◌ு
த	◌ீ	ர	◌்	வ	◌ு	◌ா	க	ம	◌்	ட	◌்	ட	ச	த
த	எ	◌ி	க	ஐ	ந	த	ர	◌ை	◌ு	ஜ	க	ஆ	ம	ல
◌ொ	ம	க	ல	ஸ	◌ி	◌ு	◌்	ல	த	ற	த	வ	◌ொ	◌்
ட	ற	◌ா	◌ை	ழ	ர	க	வ	◌ை	ம	◌ே	◌ை	ண	ழ	ய
ர	ம	◌ி	◌்	ஈ	◌்	◌ா	ய	◌ி	ஹ	ண	ந	ங	◌ி	அ
◌்	க	த	ல	ஈ	வ	ப	ர	ந	ம	ஒ	◌்	◌்	வ	ள
ப	வ	அ	எ	ஆ	◌ா	◌்	◌ி	ச	ஆ	ங	ழ	க	த	ஞ
◌ு	க	எ	ஈ	ஹ	க	ப	◌ெ	ச	ஹ	ய	◌ு	ள	உ	ஐ
ந	◌ி	த	◌ி	ஞ	ம	◌ு	ப	எ	ஆ	ஜ	க	◌்	ர	ஜ
ஓ	எ	ங	எ	ம	◌்	த	த	◌்	◌ு	ழ	அ	ல	ற	த

நிர்வாகம்
பெரியவர்கள்
உதவி
ஒப்புதல்
எல்லைகள்
குழந்தைகள்
தொடர்பு
காலக்கெடு
ஆவணங்கள்
நிதி
வீடு
மொழி
சட்டம்
அதிகாரி
செயல்முறை
பாதுகாப்பு
நிலைமை
தீர்வு
அழுத்தம்

81 - Adjectives #1

ப	ஊ	ண	ஞ	ஊ	அ	◌ே	த	ஜ	ற	அ	ழ	க	◌ு	இ
ய	ய	ர	◌ி	◌ெ	ப	ற	ஆ	◌ா	ஒ	ம	ஐ	ஒ	ஈ	ர
ண	க	ன	◌ீ	வ	ந	ர	◌ு	எ	ர	ஐ	த	த	ஈ	◌ு
எ	எ	ய	◌ு	ம	ஏ	ஏ	த	த	உ	◌ா	ற	◌்	அ	ள
வ	ழ	◌ா	இ	ள	ஐ	ஓ	ம	ன	◌ி	ற	ள	த	ஜ	◌்
க	ந	ச	ள	ம	◌்	ய	ச	◌ி	◌்	ட	ல	ம	வ	ல
ஞ	ஓ	◌ி	த	◌்	ஸ	ள	ச	ன	வ	ஞ	◌ே	ர	◌ா	ம
இ	ஐ	ச	◌ீ	ண	ய	ல	த	ஹ	ஈ	ள	ண	ச	ள	க
ம	ம	◌்	வ	ம	த	ன	ய	◌ா	ம	◌ை	ர	◌்	◌ே	ந
◌ெ	◌ெ	◌்	◌ி	◌ு	ன	ம	◌ா	ய	க	◌ி	க	◌்	◌ு	ம
ல	த	ர	ர	ற	க	த	ஸ	ச	ர	ல	ய	க	ல	◌ை
◌்	◌ு	வ	ம	ந	ண	க	அ	ழ	ஸ	ந	அ	ர	வ	ண
ல	வ	க	◌ா	த	ஓ	ம	க	◌ி	ழ	◌்	ச	◌்	ச	◌ி
◌ி	◌ா	ஞ	ன	ஈ	ஹ	க	வ	வ	ஜ	ன	த	க	ஸ	ஹ
ய	க	க	வ	ர	◌்	ச	◌்	ச	◌ி	க	ர	ம	◌ா	ன

அறுதி
லட்சியம்
நறுமணம்
கலை
கவர்ச்சிகரமான
அழகு
இருள்
கவர்ச்சியான
தாராளமாக
மகிழ்ச்சி
கன
பயனுள்ளதாக
நேர்மையான
பெரிய
ஒத்த
முக்கியமான
நவீன
தீவிரமான
மெதுவாக
மெல்லிய

82 - Technology

<table>
<tr><td>ஜ</td><td>ச</td><td>ர</td><td>ஈ</td><td>ந</td><td>ண</td><td>ச</td><td>ஓ</td><td>எ</td><td>ப</td><td>ட</td><td>த</td><td>ம</td><td>ஹ</td><td>ஸ</td></tr>
<tr><td>எ</td><td>த</td><td>ெ◌</td><td>ண</td><td>ஸ</td><td>ண</td><td>ஹ</td><td>ள</td><td>ழ</td><td>◌ு</td><td>◌ி</td><td>ஹ</td><td>ெ◌</td><td>வ</td><td>ஸ</td></tr>
<tr><td>ய</td><td>அ</td><td>த</td><td>ய</td><td>க</td><td>ஏ</td><td>ம</td><td>ர</td><td>◌ு</td><td>ள</td><td>ஜ</td><td>ஞ</td><td>ன</td><td>ஒ</td><td>ஈ</td></tr>
<tr><td>த</td><td>ஐ</td><td>ே◌</td><td>ஒ</td><td>◌்</td><td>ஆ</td><td>ச</td><td>ஊ</td><td>த</td><td>◌்</td><td>◌ி</td><td>வ</td><td>◌்</td><td>ே◌</td><td>ழ</td></tr>
<tr><td>ர</td><td>எ</td><td>ஒ</td><td>எ</td><td>இ</td><td>த</td><td>எ</td><td>ஸ</td><td>◌்</td><td>ள</td><td>ட</td><td>ல</td><td>ப</td><td>வ</td><td>ந</td></tr>
<tr><td>வ</td><td>ஞ</td><td>அ</td><td>ச</td><td>ய</td><td>எ</td><td>◌ி</td><td>ண</td><td>த</td><td>◌ி</td><td>◌்</td><td>ை◌</td><td>◌ொ</td><td>உ</td><td>ப</td></tr>
<tr><td>◌ு</td><td>ன</td><td>ச</td><td>ர</td><td>◌ா</td><td>ம</td><td>ே◌</td><td>க</td><td>◌ு</td><td>ய</td><td>ட</td><td>ப</td><td>ர</td><td>அ</td><td>◌ா</td></tr>
<tr><td>க</td><td>ள</td><td>◌ி</td><td>ை◌</td><td>ம</td><td>ந</td><td>எ</td><td>ண</td><td>ர</td><td>◌ி</td><td>ல</td><td>◌்</td><td>◌ு</td><td>இ</td><td>த</td></tr>
<tr><td>அ</td><td>ர</td><td>ச</td><td>◌ி</td><td>ஆ</td><td>◌்</td><td>ல</td><td>ஸ</td><td>◌ு</td><td>ய</td><td>◌்</td><td>ப</td><td>ள</td><td>ண</td><td>◌ு</td></tr>
<tr><td>ஒ</td><td>வ</td><td>◌்</td><td>த</td><td>ஈ</td><td>ழ</td><td>வ</td><td>◌ி</td><td>◌ா</td><td>ல</td><td>உ</td><td>த</td><td>◌்</td><td>ை◌</td><td>க</td></tr>
<tr><td>வ</td><td>வ</td><td>ய</td><td>ச</td><td>ஞ</td><td>ஸ</td><td>ந</td><td>ர</td><td>ழ</td><td>◌்</td><td>ய</td><td>◌ி</td><td>இ</td><td>ய</td><td>◌ா</td></tr>
<tr><td>ஞ</td><td>ே◌</td><td>◌்</td><td>ஹ</td><td>ர</td><td>க</td><td>ண</td><td>◌ி</td><td>ன</td><td>◌ி</td><td>ே◌</td><td>வ</td><td>ஊ</td><td>ம</td><td>ப</td></tr>
<tr><td>ஆ</td><td>ர</td><td>◌ா</td><td>ர</td><td>ஐ</td><td>◌்</td><td>ே◌</td><td>க</td><td>எ</td><td>அ</td><td>ர</td><td>◌ு</td><td>ய</td><td>◌்</td><td>◌்</td></tr>
<tr><td>ன</td><td>ஜ</td><td>ர</td><td>ஒ</td><td>ற</td><td>ஒ</td><td>ற</td><td>ல</td><td>க</td><td>ஹ</td><td>ஐ</td><td>ச</td><td>ல</td><td>ச</td><td>ப</td></tr>
<tr><td>வ</td><td>ர</td><td>ஆ</td><td>ந</td><td>◌ு</td><td>ண</td><td>◌்</td><td>ண</td><td>◌ு</td><td>ய</td><td>◌ி</td><td>ர</td><td>◌்</td><td>ஊ</td><td>◌ு</td></tr>
</table>

வலைப்பதிவு
உலாவி
கேமரா
கணினி
கர்சர்
தரவு
டிஜிட்டல்
அரம்
எழுத்துரு

இணையம்
செய்தி
ஆராய்ச்சி
திரை
பாதுகாப்பு
மென்பொருள்
புள்ளியியல்
மாய
நுண்ணுயிர்

83 - Global Warming

◌ு	ஊ	ம	ங	ஹ	ஆ	ே◌	ற	ம	ஏ	ஜ	ஆ	ஆ	இ	ங
ச	ந	ன	ஐ	ஜ	ஒ	த	ர	வ	◌ு	ஒ	க	ர	ே◌	இ
ர	◌ு	க	◌ா	ல	ந	◌ி	ல	ை◌	ர	ஹ	ட	◌்	ஞ	அ
அ	ல	ற	வ	◌ி	ஞ	◌்	ஞ	◌ா	ன	◌ி	◌ி	க	ம	வ
வ	ஐ	ய	◌்	ம	ன	வ	க	ச	த	ழ	க	◌்	க	எ
ஊ	◌ா	ல	◌்	ற	◌்	ற	ஆ	ஹ	ஹ	ஹ	க	ட	◌்	ஓ
ன	இ	ய	ஞ	ே◌	◌ு	ச	ட	◌்	ட	ம	◌்	◌ி	க	த
ஐ	ஹ	ஐ	◌ு	ச	ஐ	ச	எ	ழ	ஏ	ங	ர	க	ள	◌ொ
ஏ	ம	◌்	ல	க	◌ா	ர	◌்	◌ி	த	எ	◌ு	◌்	◌்	ழ
வ	ள	ர	◌்	ச	◌்	ச	◌ி	ச	ஐ	அ	ெ◌	க	த	◌ி
வ	ெ◌	ப	◌்	ப	ந	◌ி	ல	ை◌	◌ு	எ	ந	ந	◌ொ	ல
த	ல	ை◌	ம	◌ு	ற	ை◌	க	ள	◌்	ழ	த	ஞ	க	◌்
வ	ஒ	ச	ர	◌்	வ	த	ே◌	ச	ம	ஊ	ல	ஓ	ை◌	வ
ஏ	ஆ	ஜ	ங	த	ழ	ம	இ	த	◌ு	ப	◌ோ	◌்	ப	இ
வ	◌ா	ழ	◌்	வ	◌ி	ட	ங	◌்	க	ள	◌்	ஸ	ழ	ற

ஆர்க்டிக்
கவனம்
காலநிலை
நெருக்கடி
தரவு
வளர்ச்சி
ஆற்றல்
சுற்றுச்சூழல்
எதிர்காலம்
வாயு
தலைமுறைகள்
அரசு
வாழ்விடங்கள்
தொழில்
சர்வதேச
சட்டம்
இப்போது
மக்கள் தொகை
விஞ்ஞானி
வெப்பநிலை

84 - Landscapes

ம	ம	ஒ	ஐ	த	ஒ	க	ண	ஓ	ர	க	ஹ	ர	ஜ	ஸ
ழ	ல	ம	ஈ	ே◌	ே◌	ஞ	ஹ	க	ர	◌ு	ற	ஆ	ஈ	க
ப	ற	ை◌	ப	◌ா	ப	◌்	◌ி	ன	ப	ன	க	அ	ஜ	ன
ள	ஸ	க	வ	ஓ	உ	ம	◌்	ப	ற	◌்	க	ப	◌ீ	த
◌்	ட	ன	◌்	ட	◌்	ர	◌ா	ல	எ	ற	ந	வ	ச	த
ள	க	ந	ெ◌ா	அ	ஹ	ை◌	ஞ	ஓ	ட	◌ு	ஆ	ஐ	ஓ	ச
த	எ	ய	க	ை◌	◌ு	க	ச	த	எ	க	ந	வ	ள	எ
◌்	எ	அ	ஹ	ச	உ	◌்	த	ஹ	ற	ள	ஏ	ர	◌ி	ள
த	அ	ஒ	ம	ண	ம	ற	எ	ம	ச	◌்	ய	ஐ	ே◌	ஹ
◌ா	த	ச	ந	க	உ	ட	வ	ள	ை◌	க	◌ு	ட	◌ா	அ
க	◌ீ	அ	ெ◌ா	த	இ	க	த	அ	க	ே◌	த	ஜ	ன	வ
◌்	வ	வ	ந	ல	ை◌	ம	◌ி	ர	எ	ச	ஞ	ஹ	வ	ற
க	◌ு	க	ஞ	எ	ை◌	க	◌ீ	ச	ர	◌்	ஜ	ஊ	ன	ஏ
◌ு	ச	த	◌ு	ப	◌்	ப	◌ு	ந	◌ி	ல	ம	◌்	ஞ	வ
வ	ஊ	ஈ	ப	◌ா	ல	ை◌	வ	ன	ம	◌்	வ	ே◌	ன	ங

கடற்கரை
குகை
கோவ்
பாலைவனம்
குன்றுகள்
கீசர்
வளைகுடா
பனிப்பாறை
தீவு
ஏரி
மலை
சோலை
தீபகற்பம்
ஆறு
கடல்
சதுப்புநிலம்
டன்ட்ரா
பள்ளத்தாக்கு
எரிமலை

85 - Visual Arts

ஒ	ம	ட	◌்	ப	◌ா	ண	◌்	ட	ங	◌்	க	ள	◌்	உ
உ	ர	◌ு	வ	ர	◌ை	த	க	ட	◌ு	ங	ச	ச	ஒ	ங
வ	க	ண	எ	வ	எ	ப	ங	ற	ஏ	ஹ	ன	அ	ண	ஈ
ச	ள	எ	த	ள	ஹ	ஏ	◌ே	இ	த	ர	ப	ஓ	◌ே	ச
ஈ	ஞ	ய	ஸ	ஊ	ஞ	ஊ	வ	ன	ன	ஆ	◌ு	ஸ	ம	ல
த	ல	◌ை	ச	◌ி	ற	ந	◌்	த	◌ா	க	ம	ந	ஈ	◌்
ஏ	ர	ஸ	ப	ட	◌ை	ப	◌்	ப	◌ா	ற	◌்	ற	ல	◌்
ப	◌ு	க	◌ை	ப	◌்	ப	ட	ம	◌்	ச	ண	ர	ம	க
க	ச	◌ி	த	◌்	த	◌ி	ர	ம	◌்	◌ி	◌ா	ஜ	◌ெ	ல
ஒ	ல	ஓ	ள	ந	ஊ	ஓ	ன	ழ	த	ற	ண	ண	ழ	வ
ஊ	உ	◌ை	ண	எ	அ	வ	வ	ந	ச	◌்	◌்	◌்	◌ு	◌ை
ண	ஓ	ல	ஞ	த	ள	◌ி	ப	வ	ல	ப	◌ு	ம	க	ஓ
அ	இ	ஹ	ஏ	ர	ஈ	ய	ஐ	ட	ம	ம	ச	◌ி	◌ு	◌ே
ஐ	ஐ	உ	ந	◌ே	◌்	ம	இ	ஒ	ம	◌்	ழ	ள	ற	அ
ஆ	◌ே	ல	◌ை	க	க	◌்	ட	ட	◌ி	◌்	ட	க	க	ஞ

கட்டிடக்கலை
கலைஞர்
சுண்ணாம்பு
களிமண்
கலவை
படைப்பாற்றல்
ஈசல்
படம்
தலைசிறந்த
ஓவியம்
பேனா
புகைப்படம்
சித்திரம்
மட்பாண்டங்கள்
சிற்பம்
உருவரைதகடு
மெழுகு

86 - Plants

ே◌	ன	ங	ஏ	உ	ச	ம	ர	ம	◌்	ங	ஒ	ஏ	ஜ	ச
த	க	ற	◌்	ற	◌ா	ழ	◌ை	வ	ம	◌ொ	ச	◌்	ச	◌ை
ஏ	◌ா	த	◌ா	வ	ர	வ	ள	ர	◌்	ச	◌்	ச	◌ி	ஒ
ழ	இ	வ	ஓ	வ	ள	ய	ந	ஒ	ஈ	ஜ	ஆ	இ	ம	ஸ
உ	ன	ஐ	ர	ள	வ	ப	ச	ஆ	ஏ	ஸ	ஐ	வ	ப	ஐ
ய	ர	◌்	ே◌	வ	ய	அ	ெ◌	ஜ	ம	ஹ	ற	ந	ச	ழ
உ	ற	ம	ஐ	ச	◌ி	◌ா	ப	ர	ப	◌ு	ல	◌்	◌ு	ந
ஊ	த	இ	◌்	ங	வ	ய	ஆ	உ	◌்	க	அ	ம	ம	இ
ப	◌ூ	ர	ம	த	ஐ	எ	ல	ழ	இ	ர	ஏ	◌ூ	◌ை	த
ஜ	ஓ	ந	◌்	ங	ஒ	ப	ண	◌்	ஸ	ஆ	◌ி	ங	ய	ழ
ங	இ	ஆ	ட	ம	ட	◌ு	◌ா	க	ஊ	ஞ	ற	◌்	◌ா	◌்
ஊ	ஹ	ய	ட	ழ	ஒ	ஷ	த	ஏ	ஏ	ஸ	த	க	க	ங
ற	த	ண	◌்	ட	◌ு	◌்	க	ஸ	ஏ	ஏ	ஹ	◌ி	ஸ	ஈ
இ	ஹ	ம	◌ோ	ர	ர	உ	ஞ	வ	ஞ	ஐ	ஞ	ல	ங	எ
ந	இ	ஓ	த	க	ஞ	ச	ஊ	எ	ஸ	ஸ	எ	◌்	ன	ே◌

மூங்கில்
மொச்சை
பெர்ரி
தாவரவியல்
புஷ்
கற்றாழை
உரம்
பூ
பசுமையாக
காடு
தோட்டம்
புல்
வளர
ஐவி
பாசி
இதழ்
வேர்
தண்டு
மரம்
தாவர வளர்ச்சி

87 - Boxing

அ	ச	ெ◌	ல	வ	◌ா	ய	◌்	வ	◌ி	ட	◌்	ட	எ	ப
க	த	◌ி	ற	ம	ை◌	ன	ம	வ	ந	ங	ந	ஓ	த	◌ு
இ	ய	இ	ந	ஆ	ள	க	ம	உ	ஞ	இ	◌ா	வ	◌ி	ள
த	ஞ	◌ி	உ	ட	ல	◌்	ம	ன	வ	க	ட	ல	ர	◌்
அ	ம	ழ	ற	ே◌	ண	ஓ	ஆ	த	ம	ற	◌ி	த	◌ி	ள
ஞ	வ	◌ு	ப	◌ு	ட	◌்	◌ீ	ம	ம	◌ு	ல	ை◌	ன	◌ி
க	ஐ	◌ி	ழ	ஸ	க	ஓ	இ	ஆ	ஏ	ஓ	ர	ஹ	ஹ	க
ை◌	ந	த	ர	ங	ர	ள	◌்	க	ங	◌்	ய	◌ா	க	ள
ய	க	ய	ம	ை◌	◌்	க	◌்	ஸ	இ	ஞ	ச	ஒ	வ	◌்
◌ு	ஸ	ச	ை◌	ஆ	வ	க	அ	ல	ஏ	ஞ	ந	ர	ந	ங
ற	ம	ண	◌ி	உ	◌ு	◌ு	ை◌	ற	க	ஜ	ஈ	ன	த	உ
ை◌	ே◌	ஜ	ல	வ	ட	◌ி	ஷ	◌்	◌ு	ம	ன	எ	க	த
க	ள	ச	வ	ஆ	ந	ண	ே◌	ஸ	வ	த	ய	எ	வ	ை◌
ள	◌ி	ர	◌ா	◌ோ	ப	ஸ	க	ஹ	ர	ச	அ	ஐ	ஆ	ே◌
◌்	ற	ர	ல	எ	ழ	உ	ர	ழ	ஜ	ன	ஐ	ந	ன	க

மணி
உடல்
நாடி
மூலை
முழங்கை
செலவாய்விட்ட
போராளி
முஷ்டி
கவனம்
கையுறைகள்
காயங்கள்
உதை
எதிரி
புள்ளிகள்
விரைவு
மீட்பு
நடுவர்
கயிறுகள்
திறமை
வலிமை

88 - Countries #2

ல	◌ெ	ப	ன	◌ா	ன	◌்	ம	ம	ற	ட	ழ	வ	க	வ
ர	ண	ர	ஹ	ஆ	◌்	ஜ	ப	◌ெ	ய	◌ா	ர	◌ி	◌ி	ச
வ	ஷ	க	ள	எ	ட	ஓ	◌ா	ந	க	ண	த	ய	ர	ம
◌ே	வ	◌்	உ	ச	◌ா	ர	க	ந	◌ா	◌்	த	◌ா	◌ீ	ஞ
வ	எ	இ	ய	ம	◌ூ	ச	◌ி	◌ை	க	◌ா	ச	ர	ஸ	ஸ
ஈ	ஜ	ஸ	த	◌ா	ச	ஸ	ஸ	ஜ	◌்	க	ன	◌ி	◌்	◌்
ஜ	ப	◌்	ப	◌ா	ன	◌்	◌்	◌ீ	◌ை	உ	ண	ப	க	வ
ந	◌ே	ப	◌ா	ள	ம	◌்	த	ர	ம	அ	ஞ	◌ீ	ஓ	◌ோ
◌ே	ஸ	ட	ள	ஓ	ஜ	ஓ	◌ா	◌ி	ஜ	ன	க	◌ை	ன	◌ா
ஸ	ஈ	◌ி	ண	ங	ச	வ	ன	ய	ர	ம	அ	ல	◌்	ல
ஜ	இ	ட	ஜ	◌ே	ஞ	ழ	◌்	◌ா	◌ே	ஸ	ஞ	இ	ர	ம
எ	த	◌்	த	◌ி	ய	◌ோ	ப	◌்	ப	◌ி	ய	◌ா	◌ை	ன
ள	ற	◌ை	ர	ட	◌ெ	ன	◌்	ம	◌ா	ர	◌்	க	◌்	ந
ஈ	ஏ	ஹ	ச	◌ோ	ம	◌ா	ல	◌ி	ய	◌ா	ய	ழ	க	ஊ
அ	ல	◌்	ப	◌ே	ன	◌ி	ய	◌ா	ஓ	க	ன	ஜ	உ	ஜ

அல்பேனியா
டென்மார்க்
எத்தியோப்பியா
கிரீஸ்
ஹைட்டி
ஜமைக்கா
ஜப்பான்
லாவோஸ்
லெபனான்
லைபீரியா
மெக்சிகோ
நேபாளம்
நைஜீரியா
பாகிஸ்தான்
ரஷ்யா
சோமாலியா
சூடான்
சிரியா
உகாண்டா
உக்ரைன்

89 - Adjectives #2

<table>
<tr><td>உ</td><td>த</td><td>இ</td><td>ஆ</td><td>ண</td><td>த</td><td>ஸ</td><td>உ</td><td>ங</td><td>ஈ</td><td>ட</td><td>வ</td><td>ஊ</td><td>வ</td><td>உ</td></tr>
<tr><td>ப</td><td>◌ு</td><td>ப</td><td>◌்</td><td>ற</td><td>◌ு</td><td>◌ீ</td><td>ப</td><td>ல</td><td>ஒ</td><td>◌ு</td><td>வ</td><td>ச</td><td>◌ி</td><td>ட</td></tr>
<tr><td>◌்</td><td>ன</td><td>ஒ</td><td>ள</td><td>ண</td><td>ந</td><td>எ</td><td>க</td><td>ச</td><td>ர</td><td>ட</td><td>ள</td><td>ஊ</td><td>ள</td><td>ல</td></tr>
<tr><td>ப</td><td>ய</td><td>ப</td><td>ெ◌</td><td>ர</td><td>◌ு</td><td>ம</td><td>ை◌</td><td>ங</td><td>ஓ</td><td>◌்</td><td>ண</td><td>ே◌</td><td>க</td><td>◌்</td></tr>
<tr><td>◌ு</td><td>◌ா</td><td>ன</td><td>ம</td><td>◌ா</td><td>ய</td><td>ஸ</td><td>◌்</td><td>ர</td><td>வ</td><td>◌ா</td><td>◌ு</td><td>ச</td><td>◌்</td><td>ந</td></tr>
<tr><td>த</td><td>ம</td><td>ஆ</td><td>உ</td><td>ப</td><td>ச</td><td>◌ி</td><td>ற</td><td>ற</td><td>ற</td><td>க</td><td>ன</td><td>ஸ</td><td>க</td><td>ல</td></tr>
<tr><td>◌ூ</td><td>ை◌</td><td>ழ</td><td>த</td><td>ற</td><td>ழ</td><td>ச</td><td>ய</td><td>ப</td><td>◌ு</td><td>த</td><td>◌ு</td><td>ஆ</td><td>ம</td><td>ம</td></tr>
<tr><td>க</td><td>◌்</td><td>ழ</td><td>ஸ</td><td>ச</td><td>◌்</td><td>த</td><td>இ</td><td>ண</td><td>ங</td><td>எ</td><td>ச</td><td>இ</td><td>◌ா</td><td>◌ு</td></tr>
<tr><td>◌்</td><td>ண</td><td>ள</td><td>வ</td><td>◌ூ</td><td>ல</td><td>ப</td><td>ஏ</td><td>ள</td><td>ஞ</td><td>ஜ</td><td>ண</td><td>ற</td><td>ன</td><td>ட</td></tr>
<tr><td>க</td><td>உ</td><td>எ</td><td>ஓ</td><td>ட</td><td>ங</td><td>ற</td><td>த</td><td>ய</td><td>க</td><td>ஞ</td><td>ஸ</td><td>ே◌</td><td>ன</td><td>ை◌</td></tr>
<tr><td>ம</td><td>ஞ</td><td>ஒ</td><td>ன</td><td>◌ா</td><td>ஸ</td><td>அ</td><td>ம</td><td>◌்</td><td>ல</td><td>ப</td><td>ர</td><td>◌ி</td><td>ப</td><td>ய</td></tr>
<tr><td>◌்</td><td>ஐ</td><td>க</td><td>உ</td><td>ன</td><td>ய</td><td>◌ா</td><td>த</td><td>◌ி</td><td>த</td><td>◌்</td><td>ர</td><td>◌்</td><td>ே◌</td><td>ந</td></tr>
<tr><td>ஸ</td><td>ங</td><td>ஓ</td><td>அ</td><td>ஓ</td><td>ஊ</td><td>உ</td><td>ம</td><td>ஹ</td><td>ர</td><td>◌ி</td><td>ஜ</td><td>எ</td><td>ள</td><td>இ</td></tr>
<tr><td>வ</td><td>ல</td><td>◌ு</td><td>வ</td><td>◌ா</td><td>ன</td><td>வ</td><td>◌ி</td><td>ய</td><td>த</td><td>◌்</td><td>த</td><td>க</td><td>◌ு</td><td>ள</td></tr>
<tr><td>க</td><td>◌ி</td><td>ர</td><td>◌ி</td><td>ய</td><td>ே◌</td><td>ட</td><td>◌்</td><td>ட</td><td>◌ி</td><td>வ</td><td>◌்</td><td>ஓ</td><td>ங</td><td>ற</td></tr>
</table>

உண்மையானது
கிரியேட்டிவ்
விளக்கமான
வியத்தகு
உலர்
நேர்த்தியான
பிரபலம்
உடல்நலமுடைய
சூடான
பசி

சுவாரஸ்யமான
இயற்கை
புது
உற்பத்தி
பெருமை
பொறுப்பு
உப்பு
தூக்கம்
வலுவான
காட்டு

90 - Psychology

த	ங	ள	ந	ஆ	ய	எ	உ	க	ஹ	த	ஏ	ங	ந	ய
ல	◌ே	ஏ	ஆ	ன	அ	த	ண	ர	ஏ	ங	ன	ண	◌ி	◌ோ
◌்	ச	ன	ற	ஐ	ஒ	ன	◌ா	◌்	வ	◌ே	ம	ற	ய	ச
த	ஆ	ந	ஹ	ஆ	ழ	◌்	◌ு	ர	ண	ல	ழ	ஜ	ம	ன
◌ோ	ர	ற	ய	ம	ஆ	வ	ங	ப	◌்	ங	ய	ஞ	ன	◌ை
ம	ர	◌ு	த	◌்	த	◌ு	வ	ஏ	வ	த	◌்	◌ே	ம	க
அ	ற	◌ி	வ	◌ா	ற	◌்	ற	ல	◌்	ங	◌்	க	◌்	ள
ஈ	ய	ச	ல	ஐ	ம	ர	ஸ	ண	ய	ய	◌்	த	ள	◌்
ஈ	ற	வ	ஏ	த	ம	ண	ச	ஒ	ம	ஸ	ந	க	ம	◌்
ஆ	ந	ர	ண	ஈ	ஒ	உ	க	ளு	◌ை	ல	ட	ழ	ள	◌்
ஐ	ம	த	◌ி	ப	◌்	ப	◌ீ	ட	◌ு	ஐ	த	ர	ம	◌்
உ	ண	ர	◌்	ச	◌்	ச	◌ி	க	ள	◌்	◌்	ஓ	இ	ள
ப	◌ி	ர	ச	◌்	ச	ன	◌ை	◌ே	ஆ	ற	த	ற	ங	ஞ
ச	◌ி	க	◌ி	ச	◌்	ச	◌ை	இ	ச	இ	◌ை	ஸ	ண	ஞ
க	ன	வ	◌ு	க	ள	◌்	ற	ஈ	க	◌ோ	ல	ண	ண	ங

நியமனம்
மதிப்பீடு
நடத்தை
மருத்துவ
அறிவாற்றல்
மோதல்
கனவுகள்
ஈகோ
உணர்ச்சிகள்
அனுபவங்கள்
யோசனைகள்
ஆளுமை
பிரச்சனை
யதார்த்தம்
உணர்வு
ஆழ்
சிகிச்சை
எண்ணங்கள்

91 - Math

ஓ	இ	ல	ர	்	ச	ீ	்	ச	ம	ச	இ	ப	ஆ	ஆ
க	ள	ஏ	ஏ	வ	க	ு	க	்	ு	ட	அ	ி	ஐ	ஓ
ச	த	ொ	க	ு	த	ி	ற	ண	இ	ஸ	ஸ	ன	ண	ஊ
ன	த	வ	அ	அ	ம	ஊ	ற	்	க	ன	ழ	்	ற	இ
ழ	ட	ு	ப	ா	்	ன	ம	ச	ற	ழ	ஓ	ன	வ	ல
வ	ள	ர	ர	ஸ	ட	ஈ	எ	்	இ	ள	ஒ	ம	ஜ	ங
வ	ே	ி	ஞ	ம	ட	ன	ஜ	ம	ர	ஊ	வ	்	ன	எ
ர	ஈ	ி	ஜ	்	்	ஆ	ர	ம	்	க	எ	ு	எ	ஒ
ஈ	வ	ப	ங	ண	ி	ஊ	ல	ச	அ	ு	ை	ண	இ	க
ண	ஊ	இ	ள	ோ	வ	ந	ஏ	த	ண	்	ஐ	ண	உ	ே
க	ர	ள	்	க	ங	்	ண	ோ	க	க	ன	ர	இ	ஆ
ழ	ந	ச	க	ல	ல	ங	ந	ஊ	க	ண	ஜ	எ	ண	ஓ
ஜ	ழ	ஜ	்	ப	ஆ	அ	ழ	ஊ	ல	க	ை	ொ	த	ல
ஸ	ம	அ	ண	ஸ	ச	ெ	வ	்	வ	க	ம	்	ஜ	ன
ற	ஈ	உ	எ	ற	ழ	ம	ு	க	்	க	ோ	ண	ம	்

கோணங்கள்
கணக்கு
சுற்றளவு
தசமம்
விட்டம்
பிரிவு
சமன்பாடு
அடுக்கு
பின்னம்
எண்கள்
இணை
இணைகரம்
பலகோணம்
ஆரம்
செவ்வகம்
சதுரம்
தொகை
சமச்சீர்
முக்கோணம்
தொகுதி

92 - Activities

க	இ	ன	◌்	ப	ம	◌்	ம	ம	ற	இ	ஏ	த	அ	த
ய	ல	ஞ	ஓ	வ	ஓ	இ	ஏ	◌்	ஞ	ஸ	ச	உ	ய	◌ை
ஹ	த	◌ை	ன	ஓ	ஓ	ஐ	ள	க	ட	ந	ர	ஐ	ந	ய
◌ே	ம	◌்	ல	ஜ	◌ா	ய	◌ா	◌ா	ம	ட	ன	ஓ	ச	ல
ஞ	ஈ	ச	ஏ	ந	ள	ந	ச	◌ு	ண	◌ை	◌்	ஐ	ழ	◌்
ப	◌ு	க	◌ை	ப	◌்	ப	ட	ம	◌்	ப	ற	◌ா	ல	ந
◌ு	ஏ	ர	ழ	ல	க	ச	ஓ	எ	ற	ய	த	ப	◌ே	வ
ப	ற	ஏ	ந	வ	ங	ஹ	ஸ	ஸ	இ	ண	◌ி	◌ி	அ	த
◌்	அ	இ	ட	ங	◌்	த	ச	வ	அ	ம	ல	ன	ஸ	ஹ
ச	ஊ	ம	ன	இ	வ	ழ	ள	ஒ	ஹ	◌்	◌்	◌்	ந	த
◌ி	த	ஸ	ம	ஜ	◌்	ழ	ள	ர	ஐ	ஹ	ய	ன	ழ	வ
◌ா	ஸ	ஸ	◌்	ய	ர	ழ	ய	ஞ	◌்	ஞ	◌ெ	ல	ந	ஜ
வ	◌ு	◌்	ய	ஓ	ஆ	ண	ய	ஒ	ர	வ	ச	◌்	ஓ	உ
ஓ	வ	◌ி	ய	ம	◌்	ச	ன	ற	ள	ம	◌ு	ஆ	இ	ண
ம	◌ீ	ன	◌்	ப	◌ி	ட	◌ி	த	◌்	த	ல	◌்	◌ே	ண

செயல்திறன்
கலை
முகாம்
நடனம்
மீன்பிடித்தல்
தோட்டம்
நடைபயணம்
ஆர்வங்கள்
பின்னல்
ஓய்வு
மாயாஜாலம்
ஓவியம்
புகைப்படம்
இன்பம்
வாசிப்பு
தளர்வு
தையல்

93 - Business

வ ஈ ற ஞ ள த ய ஞ ர ர ஸ ற த ம ஏ

ர த ஊ ல இ ◌ி ◌ொ ஆ க ஊ ஏ ம ள ◌ு வ

◌ி ஐ ர ஜ ங ◌ி வ ழ ஸ ங க இ ◌் த ர

க ஐ ஊ ற ம ந ல ள ◌ி ம ◌ு ங ள ல ◌ு

ள ந ◌ி ற ◌ு வ ன ம ◌் ல க ◌ே ◌ு ◌ீ ம

◌் வ ஏ ர ஞ ஒ ட ◌் ஜ ◌ெ ◌் ட ப ட ◌ா

த ◌ொ ழ ◌ி ற ◌் ச ◌ா ல ◌ை ர உ ட ◌ு ன

ம ◌ு த ல ◌ா ள ◌ி ◌ே ர ◌ே ச ஹ ◌ி ம ம

ஓ ◌ே ஏ ஸ ங ந வ ◌ு ல ◌ெ ச ன ய ◌ே ◌்

ஜ இ ஆ ஐ ப ந ஆ ஞ ந ஞ ◌் ஐ உ ல ச

ஓ ஹ ங ச ண ஹ ஈ ஆ ர க க உ ல ◌ா ஹ

ஹ அ ஞ த ம ய ம ர ◌் ய ◌ி ழ ஊ ள ஊ

ஒ ஏ ண ஸ ◌் அ ஈ க ர ஆ ண ஏ ஐ ர ங

ந ◌ா ண ய ம ◌் ஏ ஆ ட அ வ ந வ ◌் ஸ

அ ல ◌ு வ ல க ம ◌் ன ◌ை ப ற ◌் ◌ி வ

பட்ஜெட்
தொழில்
நிறுவனம்
செலவு
நாணயம்
தள்ளுபடி
ஊழியர்
முதலாளி
தொழிற்சாலை
நிதி
வருமானம்
முதலீடு
மேலாளர்
வணிகச்சரக்கு
பணம்
அலுவலகம்
விற்பனை
கடை
வரிகள்

94 - The Company

த	ப	ம	ங	அ	வ	ண	வ	ய	ழ	ய	அ	ந	ம	உ
அ	◌ொ	◌ு	ங	த	ன	ழ	ஞ	ள	ற	ஞ	ன	ஊ	◌ு	ல
ற	க	ன	வ	◌ே	ல	◌ை	ங	ப	ங	ள	ஏ	ஸ	ட	க
ல	◌்	◌்	வ	ண	◌ி	க	ஆ	◌்	◌ு	◌்	க	ண	◌ி	ள
அ	க	ன	ன	ண	◌ே	த	ஓ	ஐ	க	க	க	ச	வ	◌ா
ப	◌ு	◌ே	ர	க	ல	ர	◌ே	ஏ	ர	ல	ழ	ள	◌ு	வ
◌ா	க	ற	ஸ	க	ஒ	ம	ஹ	ஏ	ஆ	ள	◌்	◌்	◌்	◌ி
ய	ள	◌்	ப	◌ு	ப	◌்	ர	◌ி	◌ா	ய	த	உ	ம	ய
ங	◌்	ற	க	◌ி	ர	◌ி	ய	◌ே	ட	◌்	ட	◌ி	வ	◌்
◌்	ஆ	ம	ன	ர	ஓ	ள	அ	இ	◌ு	வ	ய	◌ே	ம	க
க	ல	◌்	ழ	◌ி	◌ொ	த	ச	ஞ	ல	◌ா	◌ே	ஒ	க	ஏ
ள	அ	ல	க	◌ு	க	ள	◌்	ஒ	◌ீ	◌ு	ண	அ	ஏ	அ
◌்	ழ	ஊ	ஒ	ம	ஹ	ஜ	ச	அ	த	ர	இ	ற	ஜ	ய
உ	ல	ல	ஐ	ஸ	ங	ஞ	ம	இ	◌ு	வ	ண	உ	ர	ஊ
ஒ	ச	ழ	ச	அ	ய	ன	ய	◌ா	ம	◌ை	த	◌ு	◌ு	ப

வணிக
கிரியேட்டிவ்
முடிவு
வேலை
உலகளாவிய
தொழில்
புதுமையான
முதலீடு
வழங்கல்

தயாரிப்பு
முன்னேற்றம்
தரம்
புகழ்
வளங்கள்
வருவாய்
அபாயங்கள்
போக்குகள்
அலகுகள்

95 - Literature

ந	ஆ	ச	◌ி	ர	◌ி	ய	ர	◌்	ஏ	ன	ன	ஏ	ஹ	ந
ஞ	◌ி	உ	ர	◌ை	ய	◌ா	ட	ல	◌்	ழ	ஈ	ய	ஸ	ம
ஓ	ஆ	க	வ	ள	எ	ர	ந	◌ா	வ	ல	◌்	ஏ	ஊ	◌்
ஜ	ஞ	க	ழ	ம	ள	உ	உ	ஆ	ர	◌ு	◌ை	த	க	ன
ஈ	ஹ	ஞ	ன	◌்	ங	ச	ர	ய	வ	ன	ட	◌ை	க	ச
த	◌ீ	ம	◌்	க	வ	இ	◌ு	◌்	எ	ர	உ	◌ி	ற	ர
ஞ	இ	ங	ஏ	க	த	◌ு	வ	வ	த	அ	ஓ	வ	◌ு	◌்
ஸ	த	◌ு	த	◌்	◌ு	ர	க	◌ு	ர	உ	ஸ	க	எ	ம
ப	ச	ர	ங	ள	ஓ	உ	ம	◌ை	ப	◌ு	◌்	ப	ஒ	◌ி
ஊ	◌ு	◌ே	ஓ	◌ி	ஏ	ஓ	◌்	ர	◌ை	ம	◌்	ச	◌ே	வ
ஸ	ய	ன	க	வ	ஒ	ப	◌்	ப	◌ீ	ட	◌ு	ஜ	ண	ஒ
ஓ	ர	த	◌ை	க	ல	◌்	ய	ப	◌ி	ன	◌்	◌ு	த	ண
த	ண	க	ஊ	வ	த	க	ஈ	ஊ	ள	ஆ	த	ஜ	◌ே	ஐ
ஈ	ஹ	அ	ஏ	ஈ	◌ு	ஈ	இ	த	◌ா	ள	ம	◌்	ஹ	ய
ங	ந	ஆ	ல	◌ே	ஐ	ள	ஸ	ன	ம	ஜ	ஹ	ற	ய	ழ

ஒப்புமை
ஆய்வு
நிகழ்வு
ஆசிரியர்
ஒப்பீடு
முடிவு
விமர்சனம்
விளக்கம்
உரையாடல்
புனைவு
உருவகம்
கதை
நாவல்
கருத்து
கவிதை
ரைம்
தாளம்
உடை
தீம்
துன்பியல்கதை

96 - Geography

அ	ற	ர	ச	ஓ	ம	ப	வ	உ	ர	ச	ன	ே	வ	ந
க	க	க	ஜ	ல	இ	ி	ள	ல	ஹ	ஏ	ஒ	ல	ர	இ
ஹ	ை	எ	ற	ள	ங	ர	ஏ	க	இ	ஹ	ம	ஈ	ை	ர
ந	ர	ஆ	ற	ு	க	த	அ	ம	ஊ	ஜ	அ	ஞ	ப	ஓ
ம	ே	ற	்	க	ு	ே	்	்	எ	உ	ச	இ	ட	ல
த	ய	ம	ம	க	்	ச	ம	்	ல	ட	்	ண	ம	த
ீ	த	ெ	ர	அ	க	ம	ர	ல	ஐ	ு	க	ஒ	்	ஹ
வ	ி	ர	க	எ	ட	்	ய	ட	ை	ா	ண	ே	ஊ	ண
ு	த	ி	ந	ழ	வ	்	உ	க	ஜ	ந	்	ஆ	ன	அ
ர	்	ட	க	ஹ	ல	ஆ	ச	ந	ண	ண	ட	ே	ஊ	ட
எ	ம	ி	ு	ஊ	க	ய	இ	ர	ல	ர	ம	ஏ	ர	்
ஜ	ூ	ய	ற	ண	ஒ	ஹ	க	ள	ே	ன	்	உ	ய	ல
ஒ	ப	ன	்	த	த	ஞ	ன	வ	வ	க	ள	ஏ	ந	ஸ
ள	ண	்	ெ	அ	ள	இ	ர	ங	த	ஆ	ை	ஊ	க	்
ர	ந	ள	த	ீ	ர	்	க	்	க	ர	ே	க	ை	க

உயரம்
அட்லஸ்
நகரம்
கண்டம்
நாடு
பூமத்திய ரேகை
தீவு
அட்சரேகை
தீர்க்கரேகை
வரைபடம்
மெரிடியன்
மலை
வடக்கு
மண்டலம்
ஆறு
கடல்
தெற்கு
பிரதேசம்
மேற்கு
உலகம்

97 - Jazz

ய	◌ை	ச	இ	ம	◌ே	ஒ	அ	அ	ஞ	ய	ப	ன	ஞ	ம
ப	◌ா	ட	ல	◌்	ஏ	வ	ஓ	ன	ங	ஜ	ல	◌ு	ஐ	ஏ
ங	ஆ	◌ே	உ	ல	ஏ	◌ே	ஓ	ய	எ	ஓ	வ	வ	த	ண
ஒ	ர	◌்	ள	ப	◌ா	ப	◌்	ம	◌ை	ய	◌ை	ச	இ	◌ு
ப	ழ	◌ை	ய	ர	◌்	ஞ	◌ை	ல	க	க	த	ஆ	ந	ஈ
ஈ	ஐ	ஸ	ஆ	◌ி	வ	ஸ	த	ர	வ	ல	த	ர	◌ு	வ
ம	◌ே	ம	◌்	ப	◌ா	ட	◌ு	ங	க	வ	◌்	◌்	ட	◌ே
த	◌ி	ற	ம	◌ை	ழ	ஐ	வ	இ	ச	◌ை	ட	க	◌்	த
த	எ	த	ஊ	த	◌ே	எ	ம	ஜ	◌்	ஓ	◌ி	◌ெ	ப	ங
ம	ழ	ஈ	ஓ	எ	◌ா	ஓ	◌ே	ஐ	ச	ந	◌ி	ஸ	ம	ஜ
ஓ	ஞ	ம	◌ே	ஊ	ஓ	ள	ஏ	ம	◌ே	ஐ	ப	◌்	◌்	ண
ஆ	ற	◌ே	உ	ர	ஜ	ன	ம	ஹ	ர	◌ே	த	ட	ஒ	ய
ட	◌ி	ர	ம	◌்	ஸ	◌்	ஐ	◌்	◌ி	ல	ந	◌்	◌ே	ந
ஊ	ஆ	ஈ	ம	ஆ	ல	◌்	ப	ம	◌்	ச	ஈ	ர	ச	ஜ
வ	ல	◌ி	ய	◌ு	ற	◌ு	த	◌்	த	ல	◌்	◌ா	ங	ஸ

ஆல்பம்
கலைஞர்
இசையமைப்பாளர்
கலவை
கச்சேரி
டிரம்ஸ்
வலியுறுத்தல்
பிரபலம்
பிடித்தவை
வகை
மேம்பாடு
இசை
புது
பழைய
ஆர்கெஸ்ட்ரா
தாளம்
பாடல்
உடை
திறமை
நுட்பம்

98 - Nature

ே	ங	ச	அ	ல	ந	ற	ம	ஊ	த	ஆ	ச	ண	ஆ	ய
ப	ந	ர	ஆ	்	ஜ	ஓ	ர	ல	ஈ	ஞ	உ	ஓ	ர	ய
ச	வ	ண	ஹ	ற	ஹ	த	வ	ல	ை	ே	ஓ	ய	்	ற
ு	ெ	ா	அ	ற	ு	ஒ	ே	ண	அ	க	ள	ஈ	க	ஜ
ம	ப	ல	க	்	க	ஆ	ஐ	ன	ண	ள	ள	ங	்	ஓ
ை	்	ய	ச	க	ழ	இ	உ	ய	ீ	்	ற	்	ட	வ
ய	ப	ம	ே	ா	அ	ட	ு	ா	க	க	ஸ	ள	ி	ஏ
ா	ம	்	ர	்	ி	ய	உ	த	ஸ	க	்	்	க	ப
க	ண	ர	ச	க	அ	ண	ே	ி	அ	ு	ப	க	்	ு
ஜ	்	ஈ	ஸ	ற	ஐ	ஸ	எ	ை	ஈ	ங	்	ங	ள	ப
ஒ	ட	ண	ச	இ	ங	த	ஸ	ம	ஐ	்	ஃ	்	ன	்
ே	ல	க	ா	ட	்	ட	ு	அ	எ	ல	ள	க	ந	ி
ப	ா	ல	ை	வ	ன	ம	்	ம	ஆ	ி	ி	ே	ஊ	ர
ம	ூ	ட	ு	ப	ன	ி	ண	ழ	ஈ	வ	ி	ம	ல	அ
ப	ன	ி	ப	்	ப	ா	ற	ை	ல	ற	க	ஓ	ள	அ

விலங்குகள்
ஆர்க்டிக்
அழகு
தேனீக்கள்
கிளிஃப்ஸ்
மேகங்கள்
பாலைவனம்
இறக்காற்றல்
அரிப்பு
மூடுபனி
பசுமையாக
காடு
பனிப்பாறை
மலைகள்
ஆறு
சரணாலயம்
அமைதியான
வெப்பமண்டல
உயிர்
காட்டு

99 - Vacation #2

ப	ய	ண	ம	◌்	ப	ம	ல	◌ை	க	ள	◌்	வ	அ	ங
த	ன	ன	ள	இ	◌ோ	ஓ	இ	ந	ஹ	எ	க	◌ி	ய	ம
◌ீ	ங	ற	ங	ற	க	ஹ	◌ே	ழ	ந	ச	இ	ட	ல	◌்
வ	ஏ	ர	ய	ல	◌்	ட	ட	◌்	◌ோ	ஹ	ர	◌ு	◌்	ய
◌ு	க	ம	ஓ	ய	க	ற	ஞ	எ	க	ங	ய	ம	ந	ல
ஜ	ழ	வ	ஏ	வ	◌ு	◌்	ய	ஓ	ஓ	ஆ	◌ி	◌ு	◌ா	◌ை
க	ட	ல	◌்	ம	வ	வ	உ	ஐ	ட	ந	ல	ற	ட	ந
ர	இ	ம	எ	◌ு	ர	ழ	◌ி	ற	இ	◌ா	◌்	◌ை	◌ு	◌ி
◌ே	ல	ஜ	ள	க	த	ள	ம	ச	ந	ய	க	ஐ	வ	ன
ஒ	க	த	ல	◌ா	◌்	ர	◌்	ஐ	◌ா	ஜ	ண	◌்	த	ம
ஐ	◌்	ஐ	ஐ	ம	த	வ	ர	◌ை	ப	ட	ம	◌்	ஸ	◌ா
இ	க	ஸ	ஒ	◌்	◌ு	ஐ	ட	ஈ	ற	ஒ	ச	ற	ஆ	◌ி
ம	◌ு	வ	◌ெ	ள	◌ி	ந	◌ா	ட	◌்	ட	வ	ர	◌்	வ
க	ட	ற	◌்	க	ர	◌ை	◌ு	க	இ	ய	ஈ	ஜ	இ	ந
◌ே	எ	க	இ	ண	ஸ	ஞ	க	ந	ல	உ	ந	ன	ண	ம

விமான நிலையம்
கடற்கரை
முகாம்
இலக்கு
அயல்நாடு
வெளிநாட்டவர்
விடுமுறை
ஹோட்டல்
தீவு
பயணம்

ஓய்வு
வரைபடம்
மலைகள்
கடல்
டாக்ஸி
கூடாரம்
ரயில்
போக்குவரத்து
விசா

100 - Electricity

த	◌ொ	ல	◌ை	க	◌்	க	◌ா	ட	◌்	ச	◌ி	எ	த	ம
க	◌ா	ந	◌்	த	ம	◌்	ஹ	ஸ	த	ஹ	ந	ல	◌ொ	◌ி
எ	த	◌ி	ர	◌்	ம	ற	◌ை	ழ	ற	ஜ	ஞ	க	ல	ன
வ	ல	◌ை	ப	◌்	ப	◌ி	ன	◌்	ன	ல	◌்	◌்	◌ை	◌்
ய	ஊ	த	ம	ம	வ	உ	ஓ	வ	ஊ	ஆ	ஞ	ட	ப	க
ழ	ழ	ஜ	ல	ட	ஐ	◌ி	ஞ	◌ே	ந	ஐ	ஊ	◌்	◌ே	ல
அ	அ	ச	உ	வ	ச	ஊ	ள	ங	ஒ	ய	ஓ	ர	ச	ம
ஜ	ள	ஞ	ஒ	ய	ழ	த	◌்	க	◌ே	ஜ	ள	◌ீ	◌ி	◌்
எ	வ	அ	ஏ	க	ம	ந	க	ஈ	◌்	ல	ள	ஷ	ஜ	த
த	◌ு	ஈ	ம	ன	அ	ய	ள	ய	ன	க	த	◌ி	ள	வ
ம	◌ி	ன	◌்	ச	◌ா	ர	◌்	ச	◌ே	ல	◌ு	ய	ஒ	ங
ங	த	ர	◌்	ட	ட	◌்	ர	◌ே	ன	◌ெ	ஜ	ன	ஏ	ச
ஹ	ஸ	◌ு	ஏ	ஐ	ஓ	ம	◌ு	ற	இ	க	ஏ	◌்	ஆ	எ
ண	ய	ஒ	ள	ஐ	ம	ஏ	◌ொ	ந	◌ே	ர	◌்	ம	ற	◌ை
ந	ஸ	ஜ	இ	◌ை	ங	இ	ப	◌ு	ப	◌்	ம	◌ி	◌ே	ச

மின்கலம்
வடம்
மின்சார
எலக்ட்ரீஷியன்
ஜெனரேட்டர்
விளக்கு
லேசர்
காந்தம்
எதிர்மறை
வலைப்பின்னல்
பொருள்கள்
நேர்மறை
அளவு
துளை
சேமிப்பு
தொலைபேசி
தொலைக்காட்சி

1 - Antiques

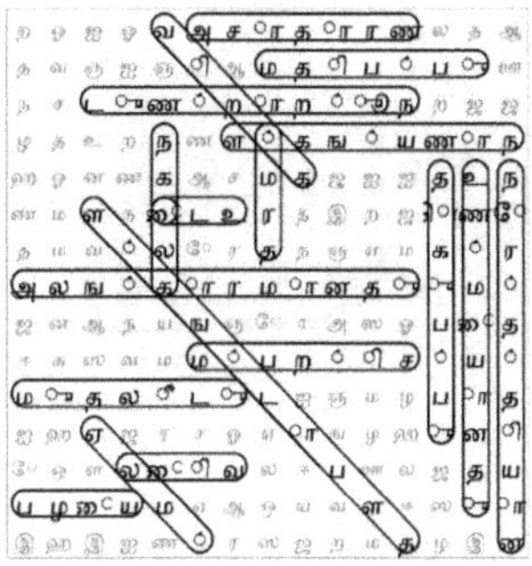

2 - Food #1

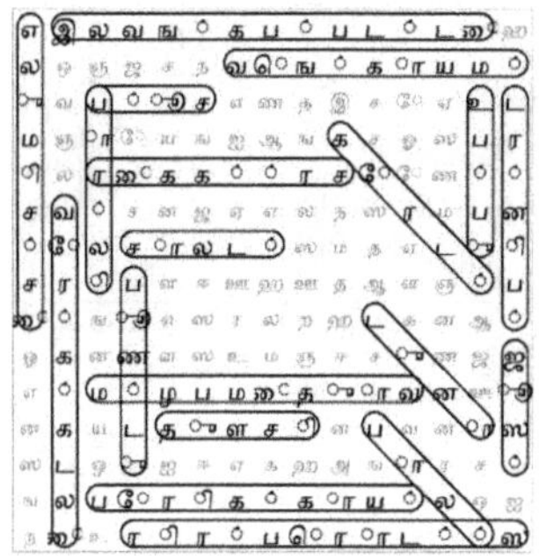

3 - Measurements

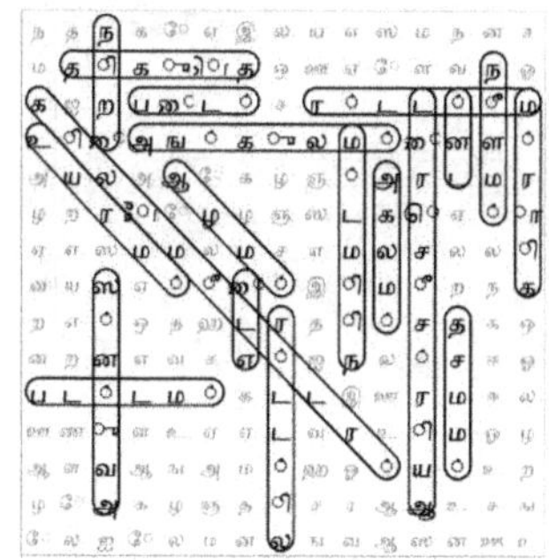

4 - Farm #2

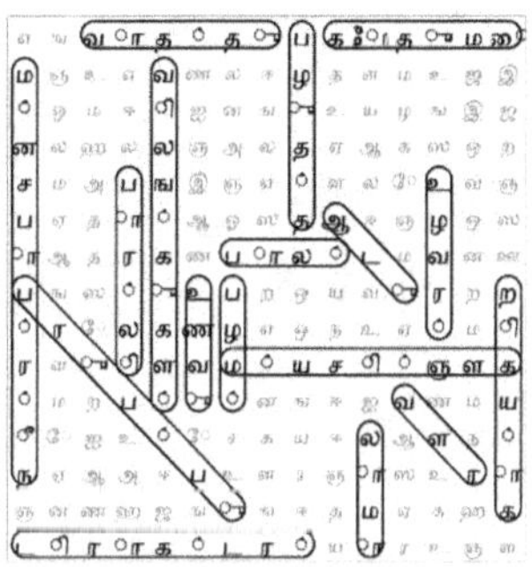

5 - Books

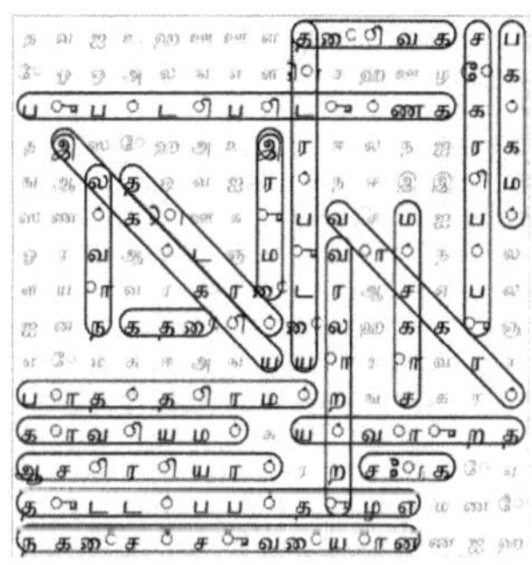

6 - Meditation

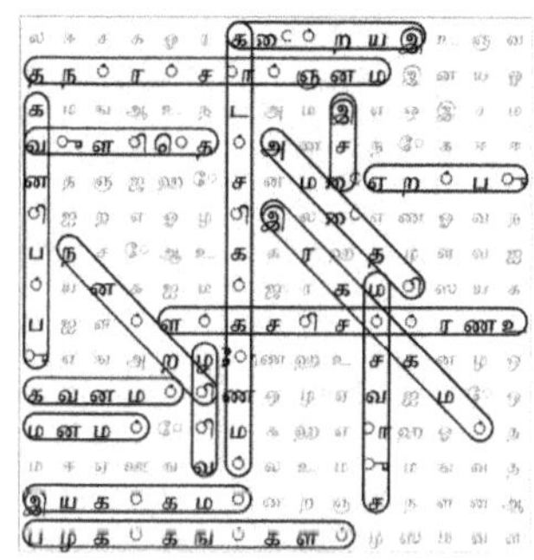

7 - Days and Months

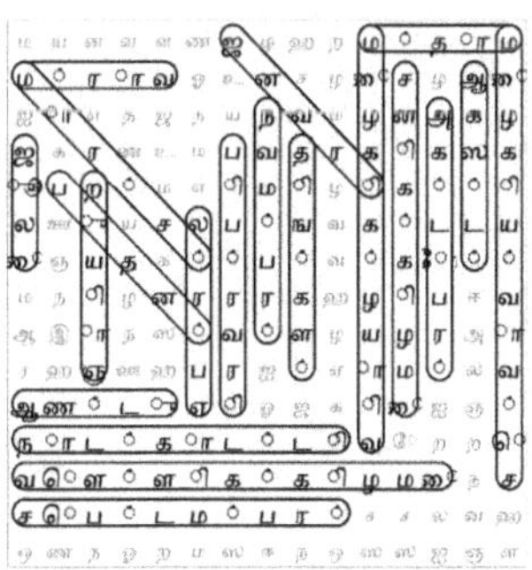

8 - Energy

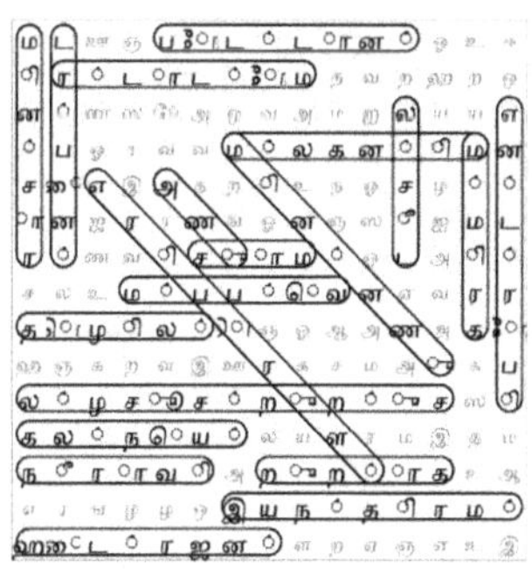

9 - Chess

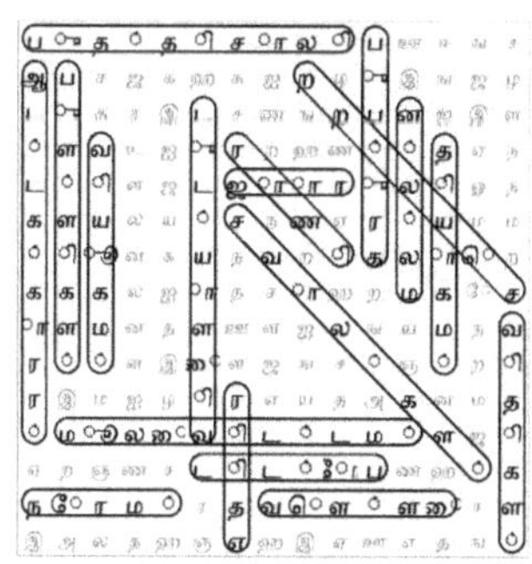

10 - Archeology

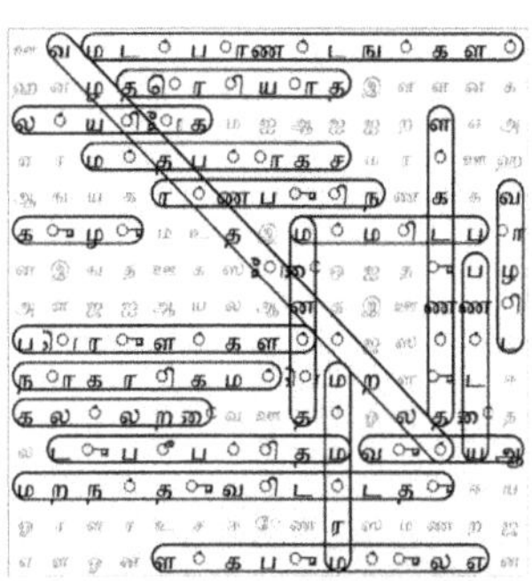

11 - Food #2

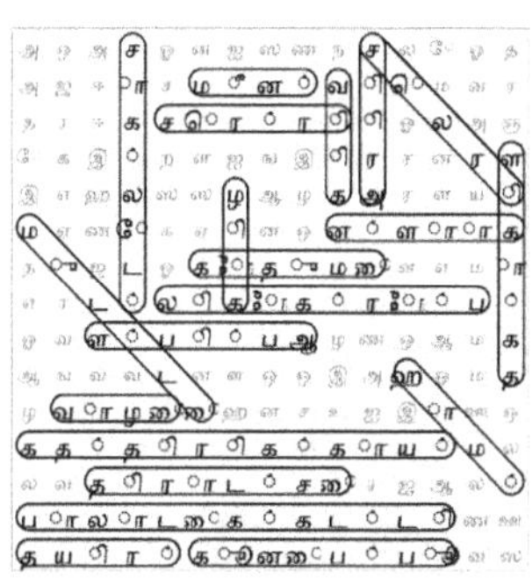

12 - Chemistry

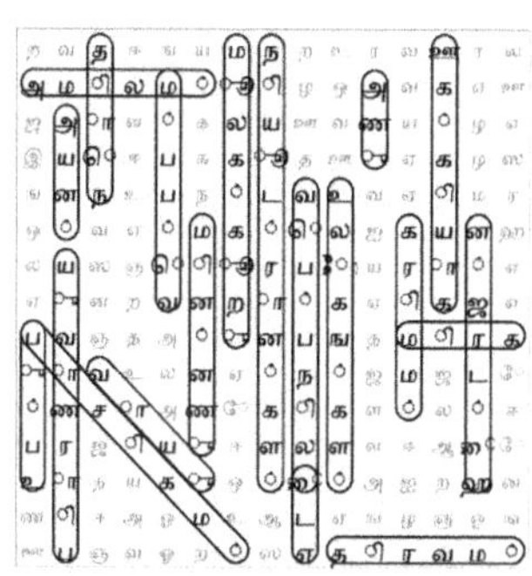

13 - Music

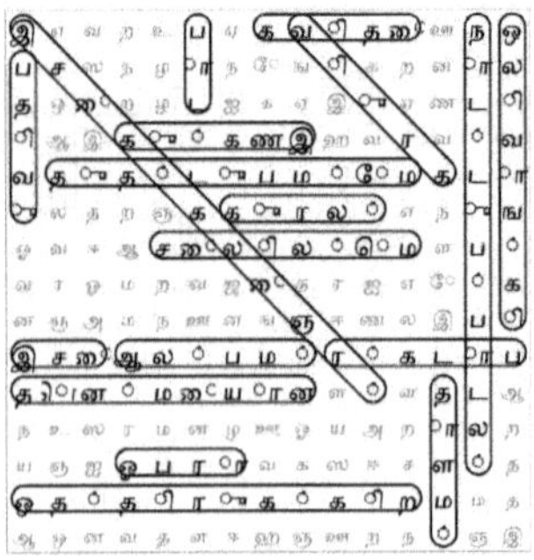

14 - Family

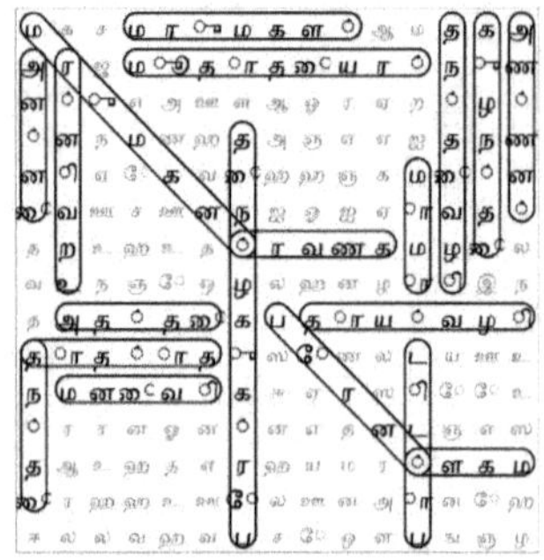

15 - Farm #1

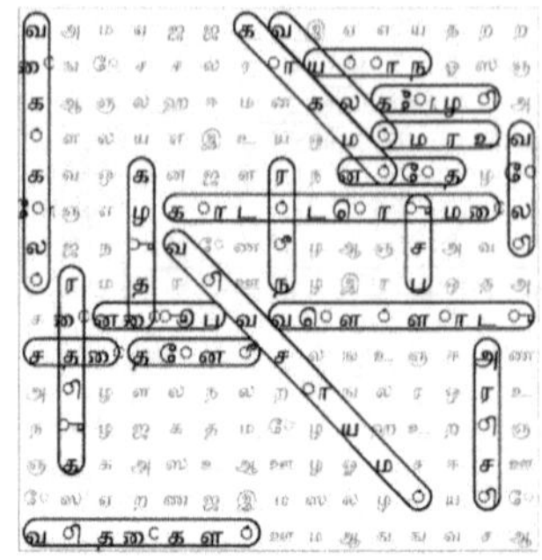

16 - Camping

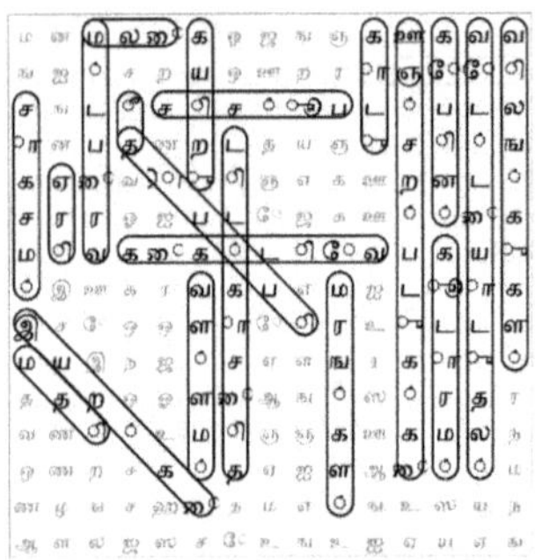

17 - Algebra

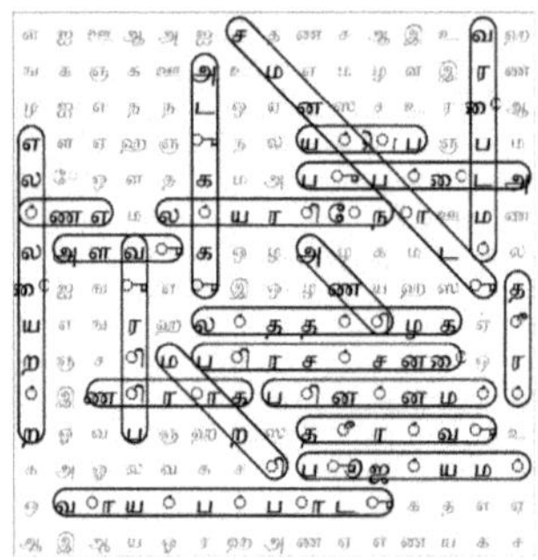

18 - Numbers

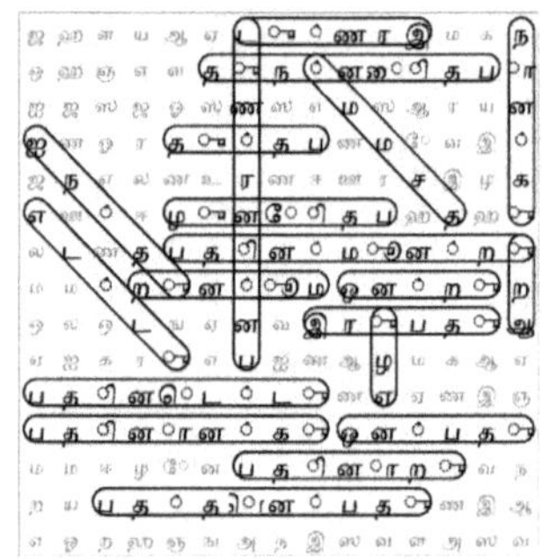

19 - Spices

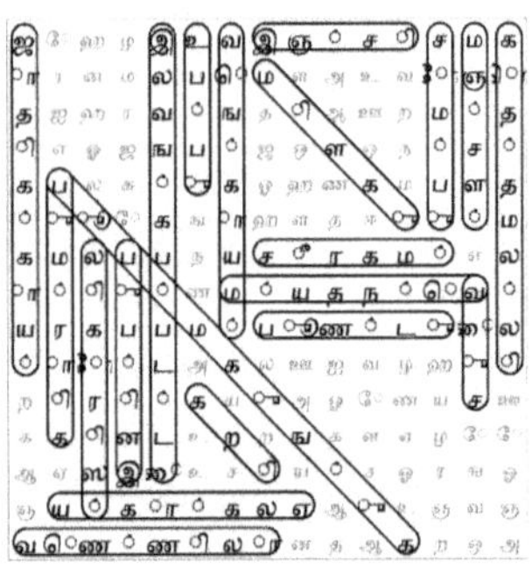

20 - Universe

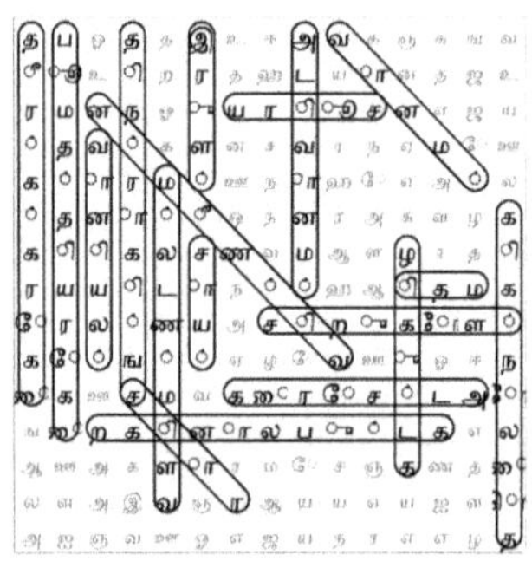

21 - Mammals

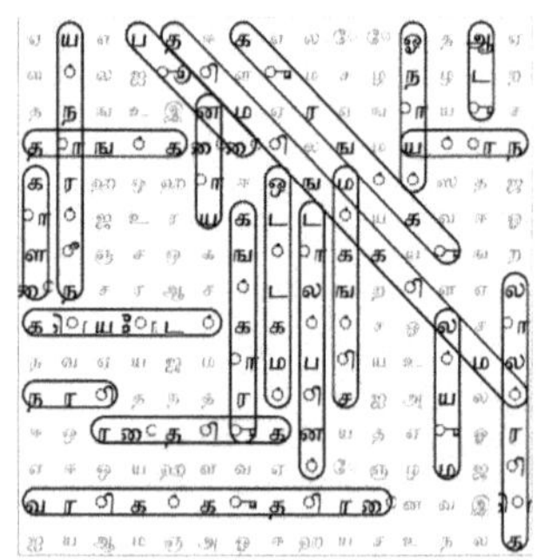

22 - Restaurant #1

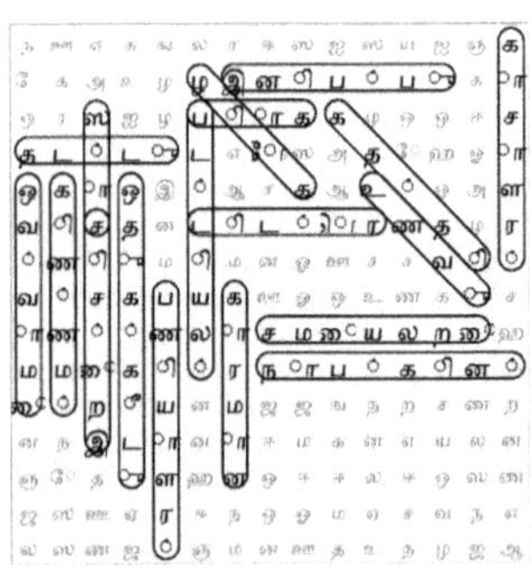

23 - Weather

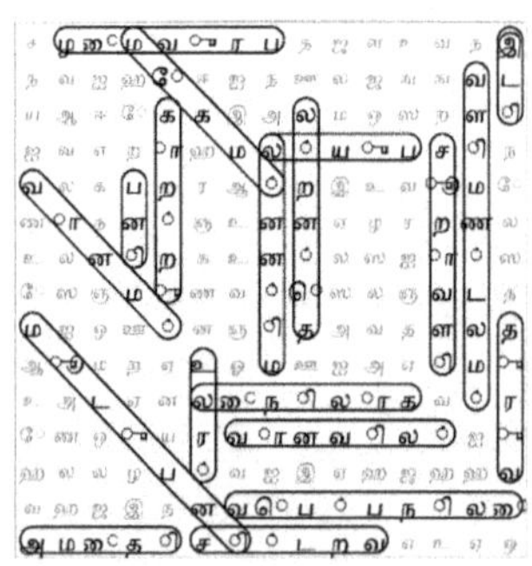

24 - Adventure

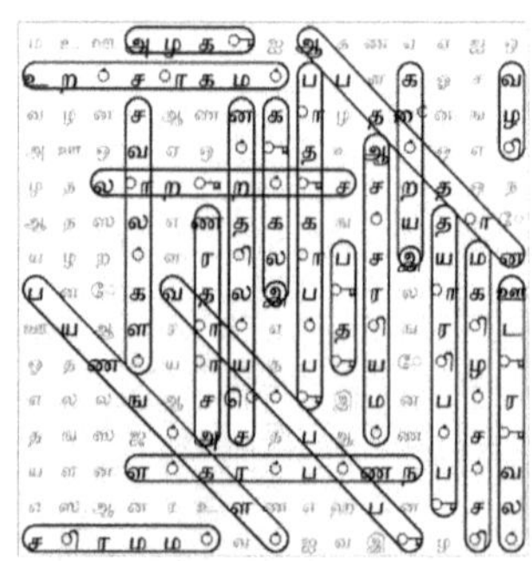

25 - Sport

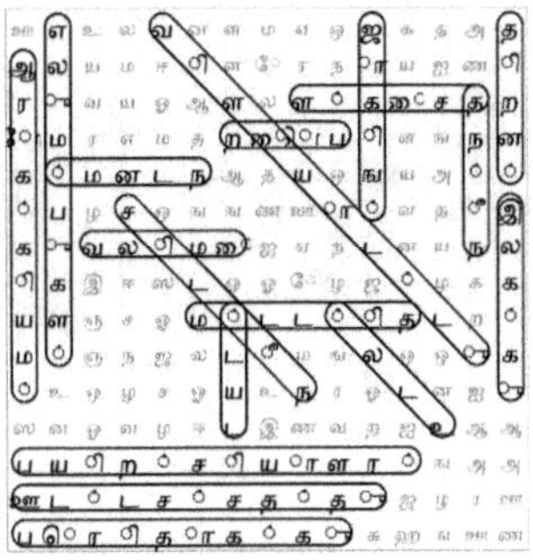

26 - Restaurant #2

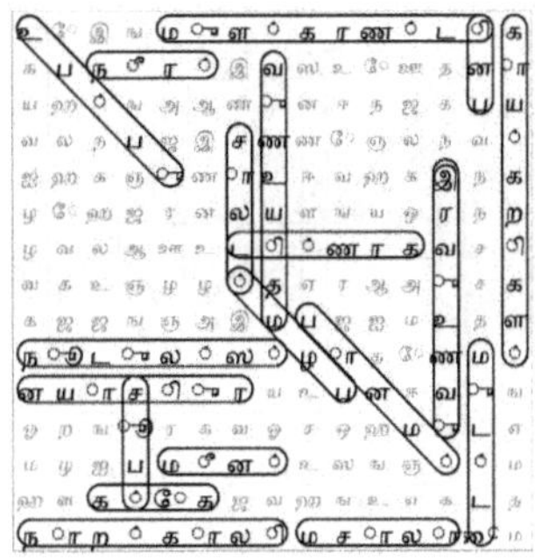

27 - Geology

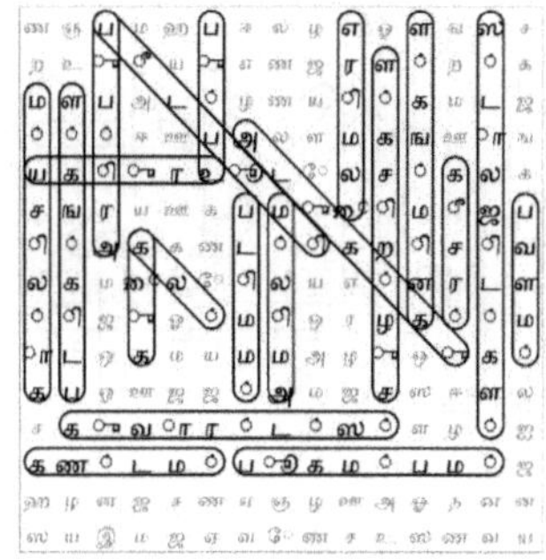

28 - House

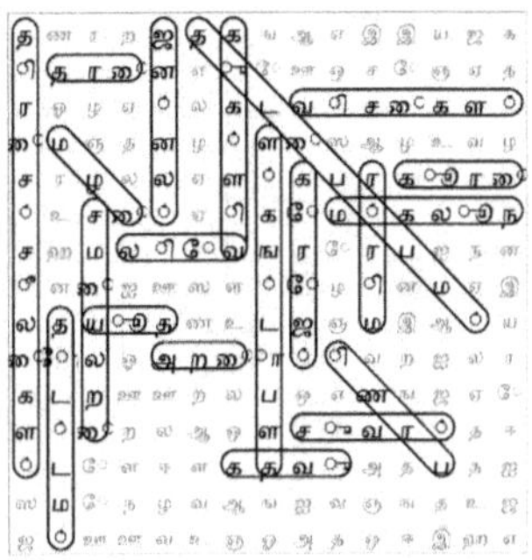

29 - Physics

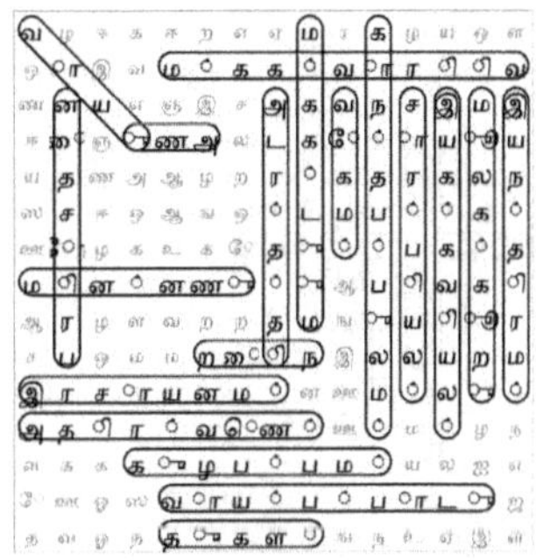

30 - Dance

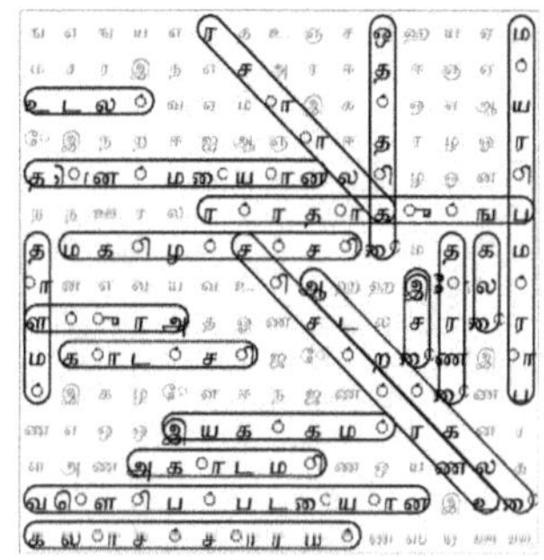

31 - Shapes

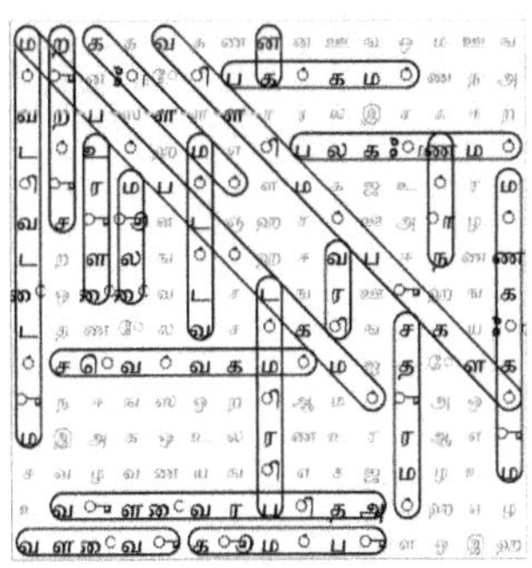

32 - Scientific Disciplines

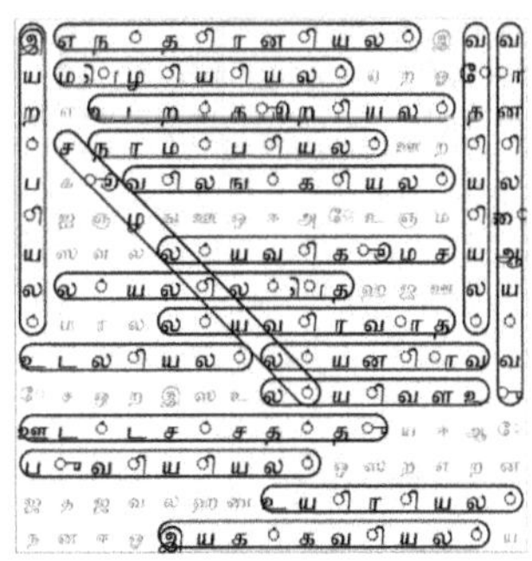

33 - Science

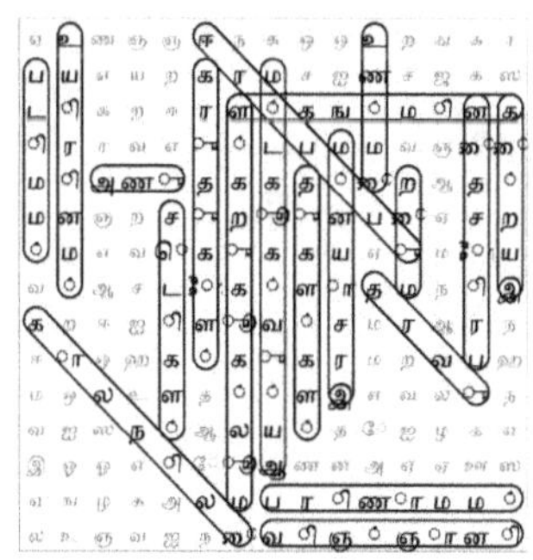

34 - Beauty

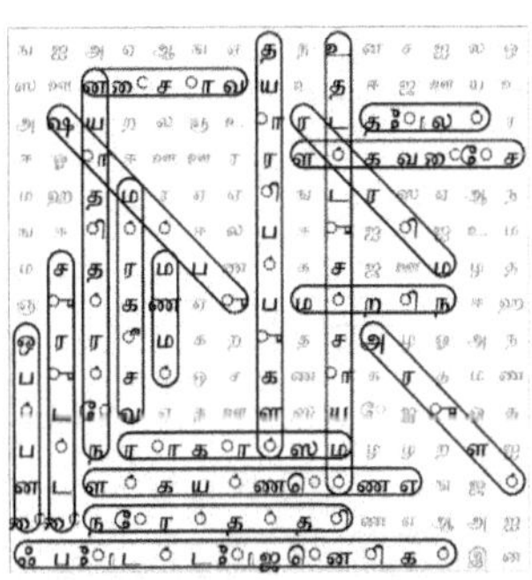

35 - Clothes

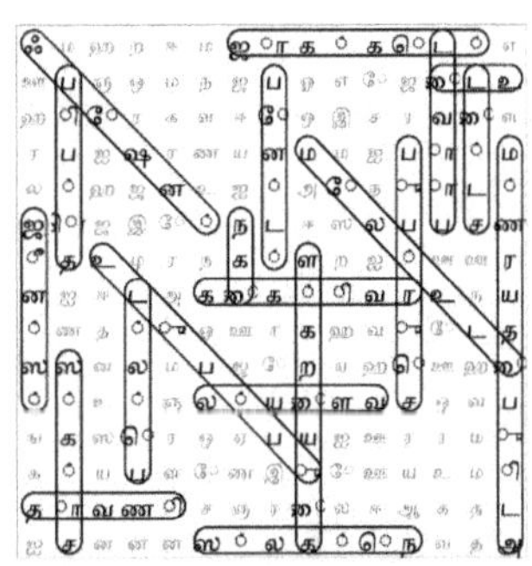

36 - Astronomy

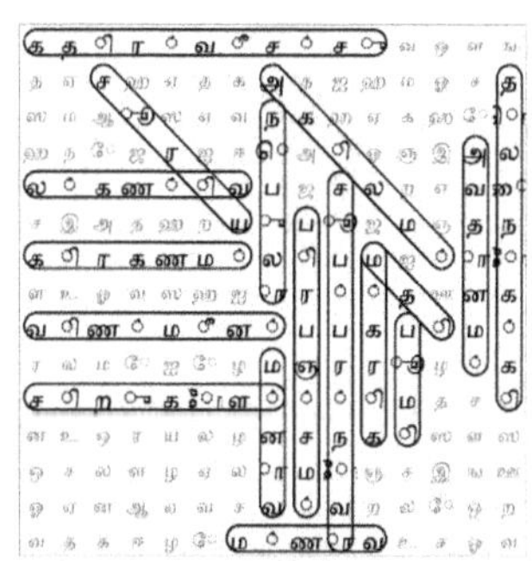

37 - Health and Wellness #2

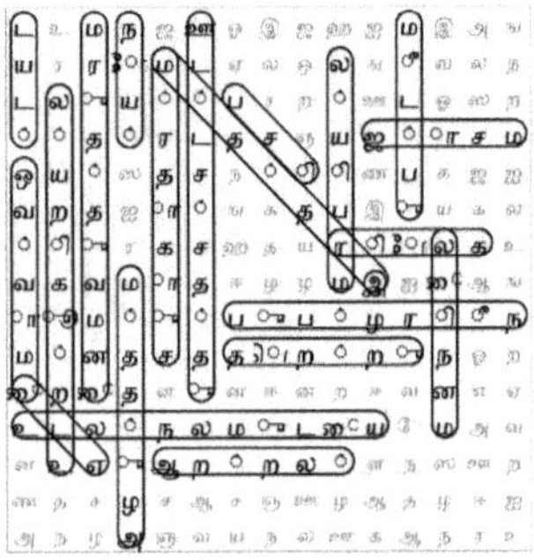

38 - Disease

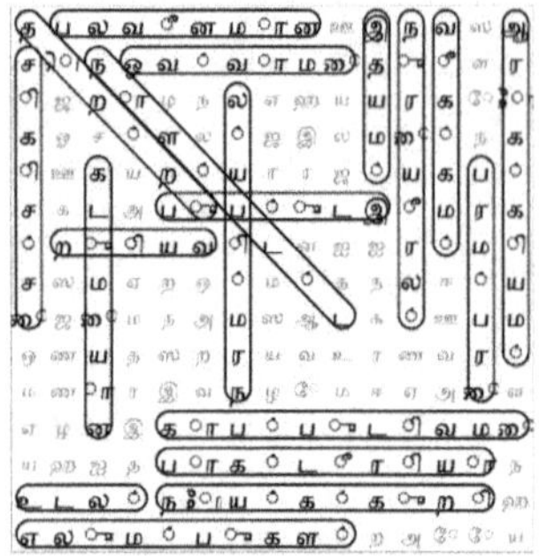

39 - Time

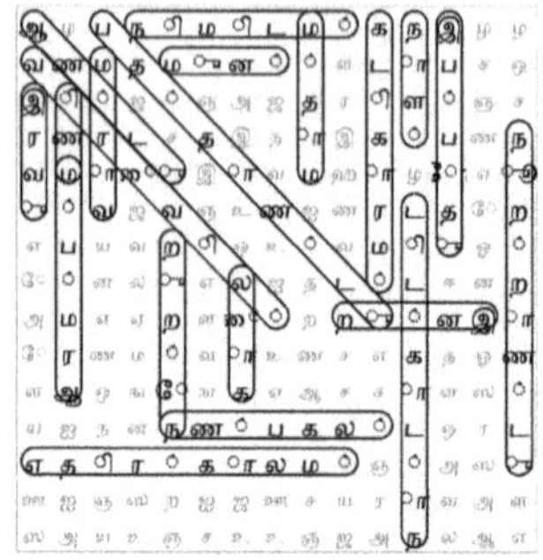

40 - Buildings

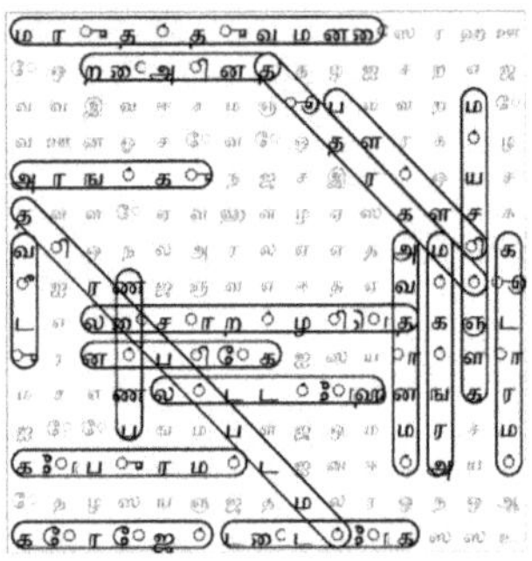

41 - Philanthropy

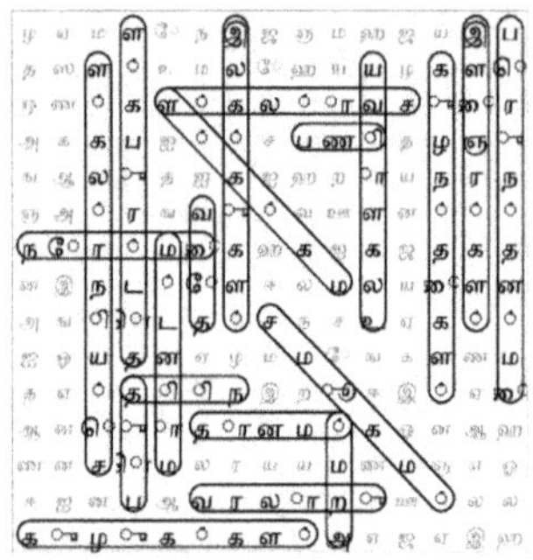

42 - Gardening

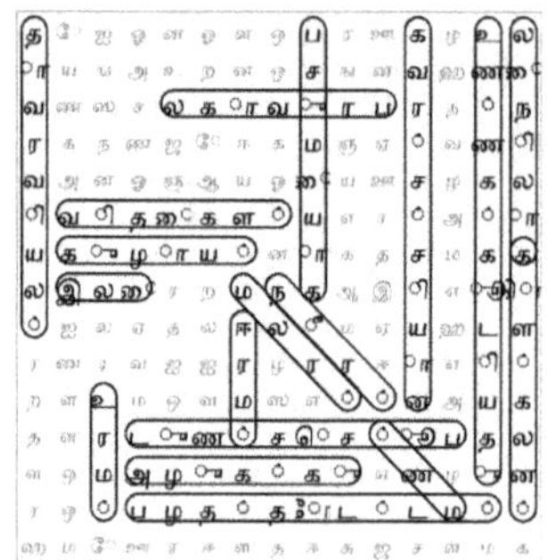

43 - Herbalism

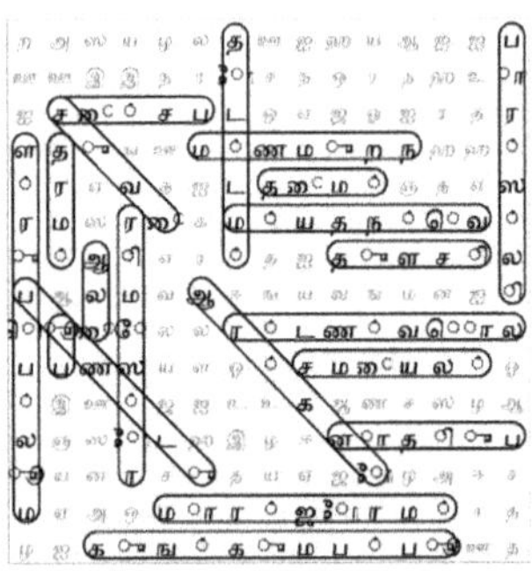

44 - Vehicles

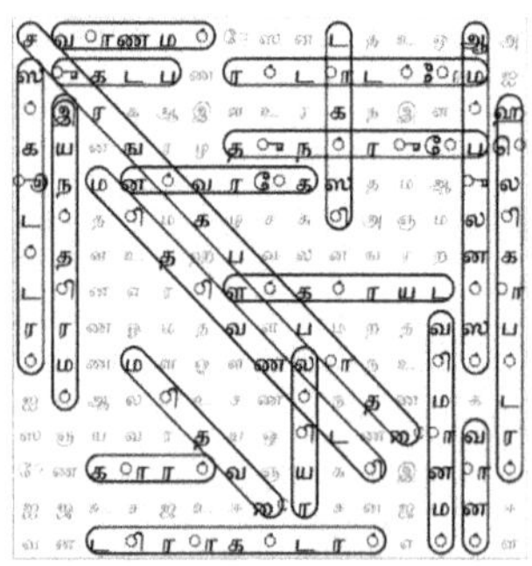

45 - Flowers

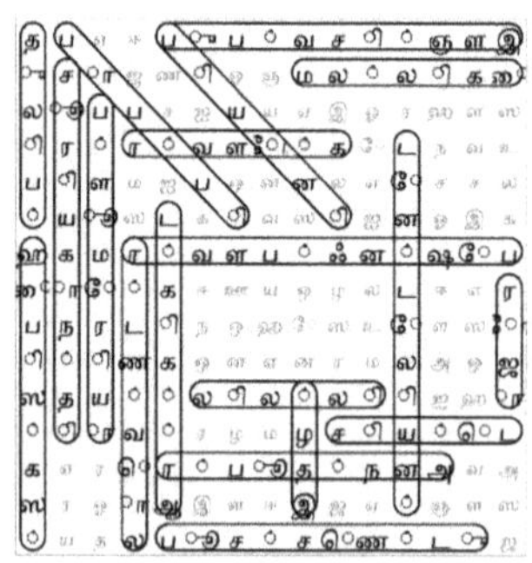

46 - Health and Wellness #1

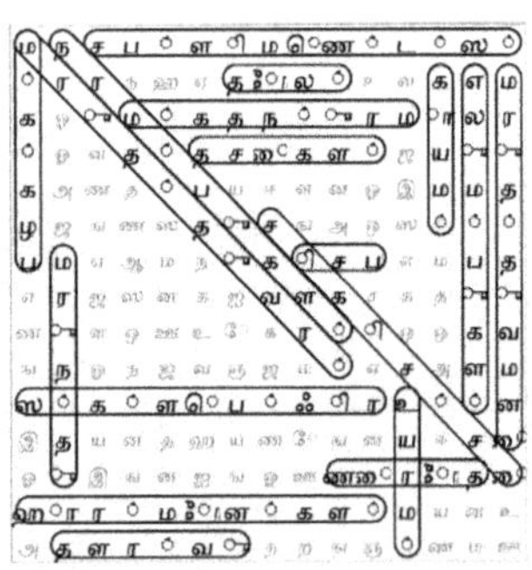

47 - Town

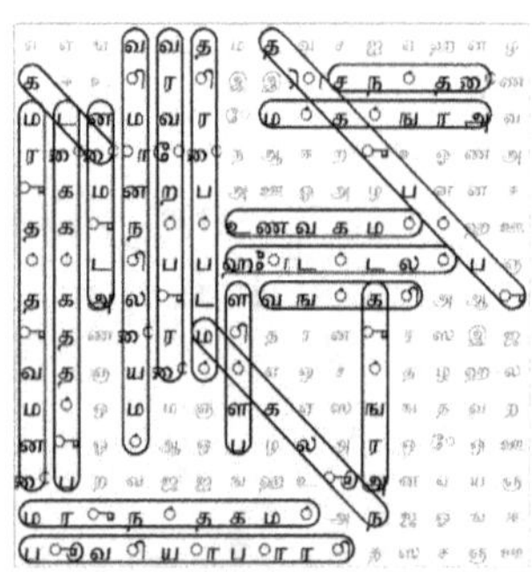

48 - Antarctica

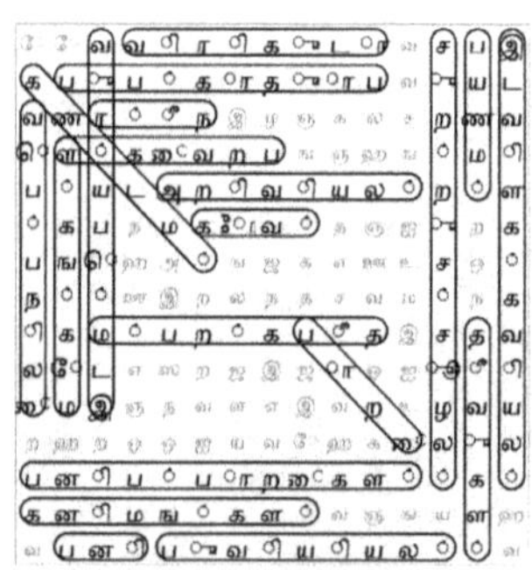

49 - Fashion

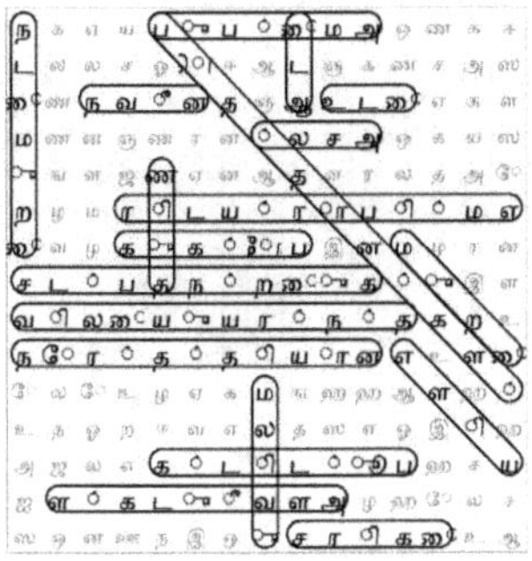

50 - Human Body

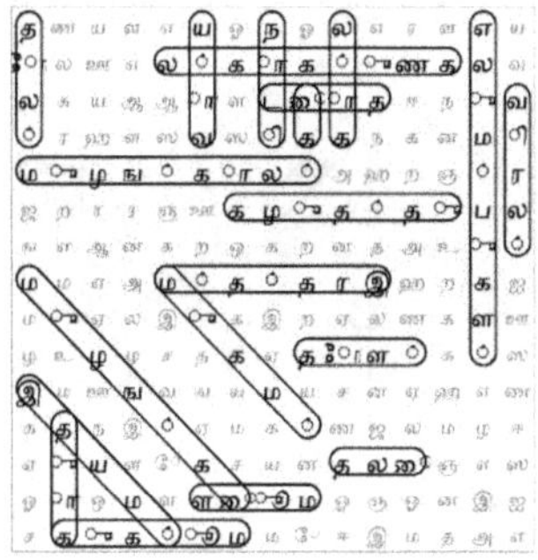

51 - Musical Instruments

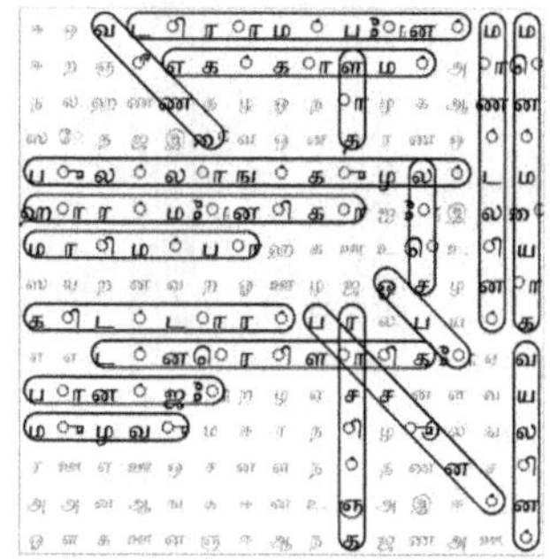

52 - Fruit

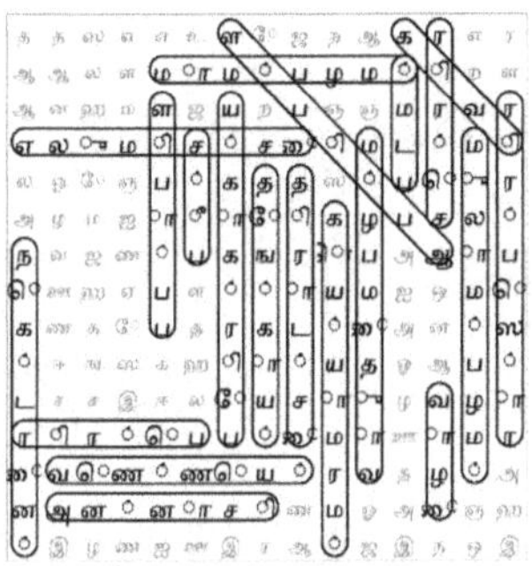

53 - Virtues #1

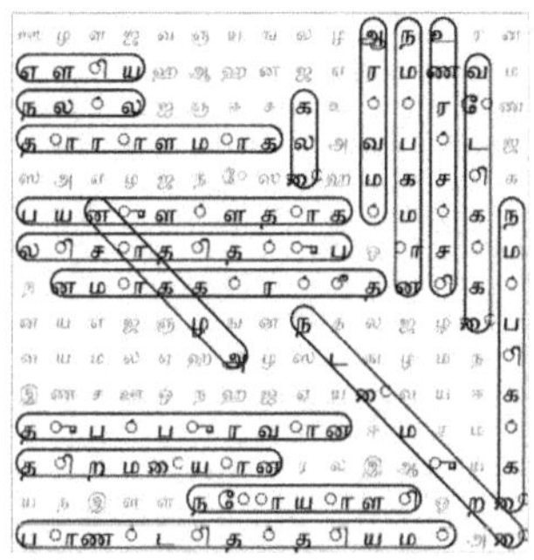

54 - Engineering

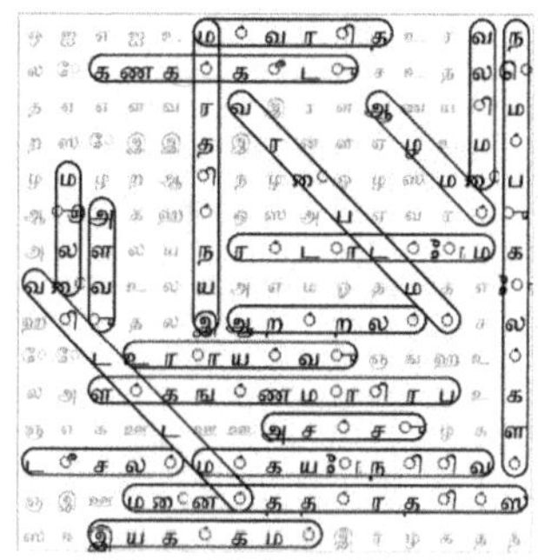

55 - Government

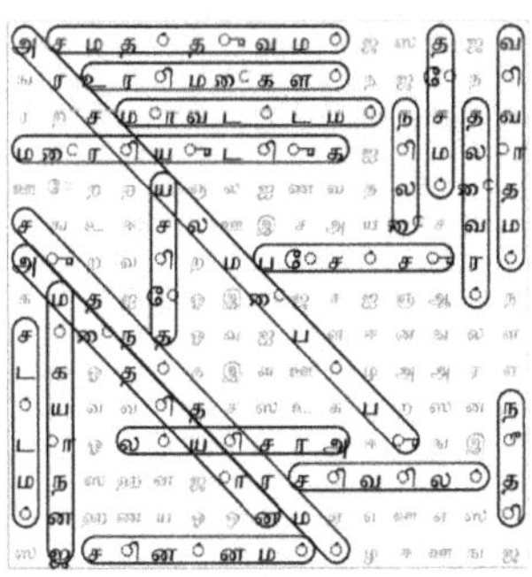

56 - Art Supplies

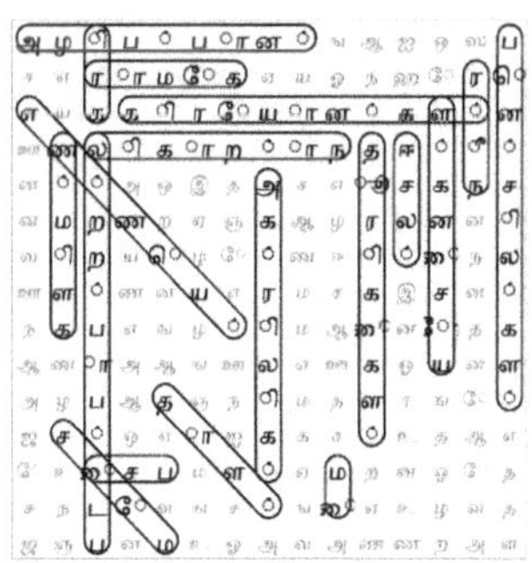

57 - Science Fiction

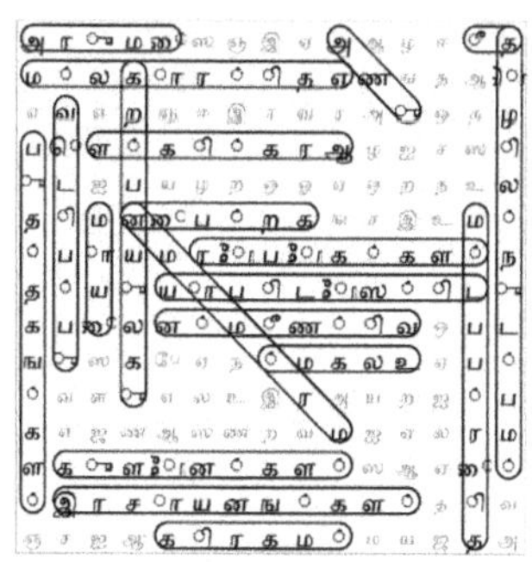

58 - Geometry

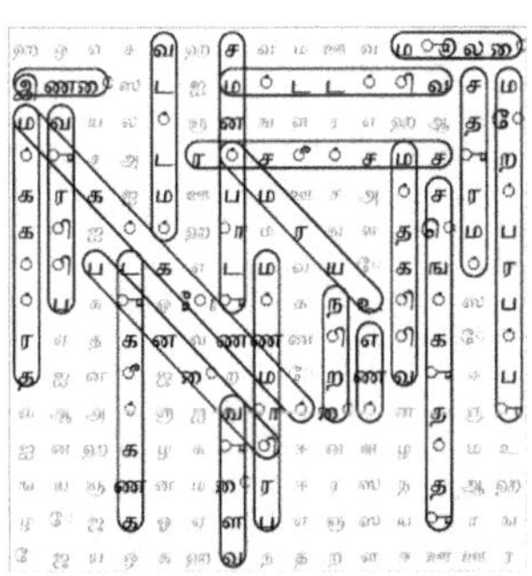

59 - Creativity

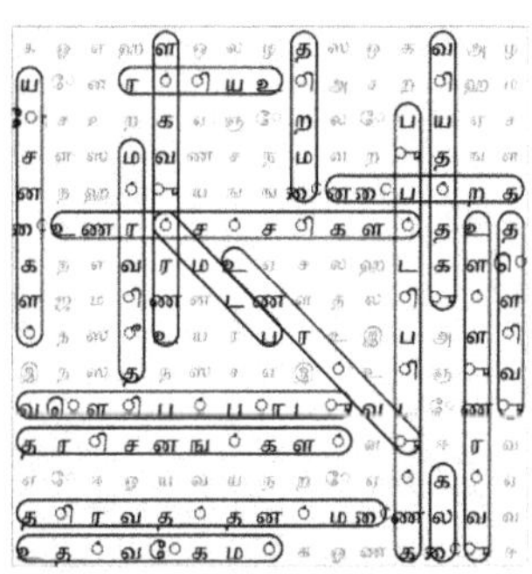

60 - Airplanes

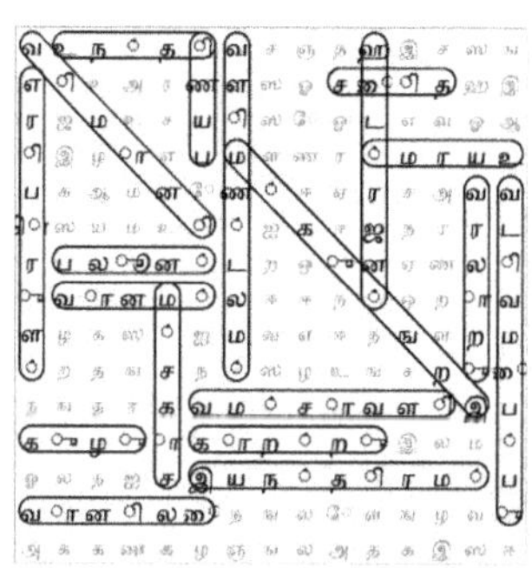

61 - Ocean

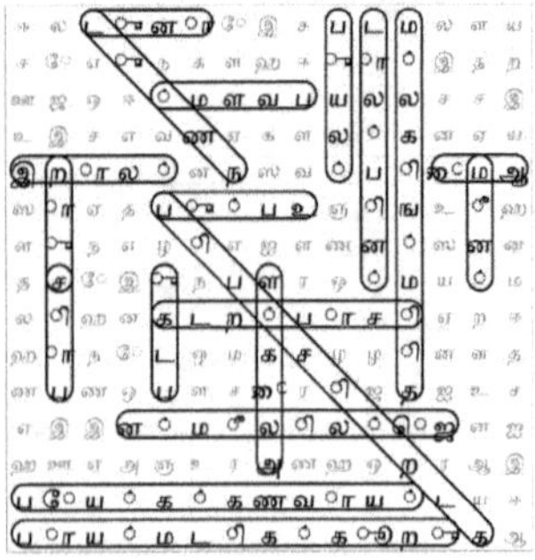

62 - Force and Gravity

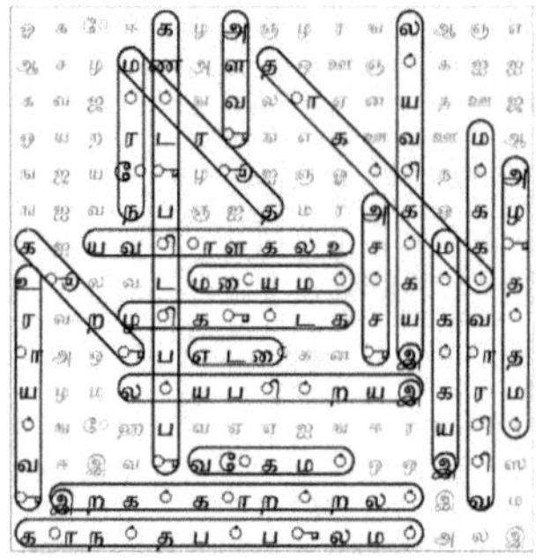

63 - Birds

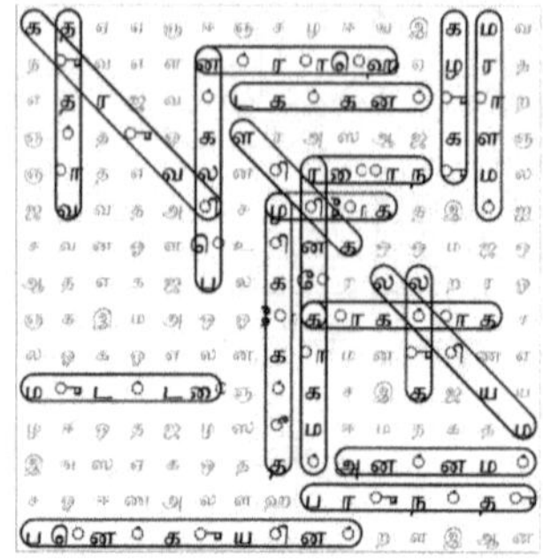

64 - Nutrition

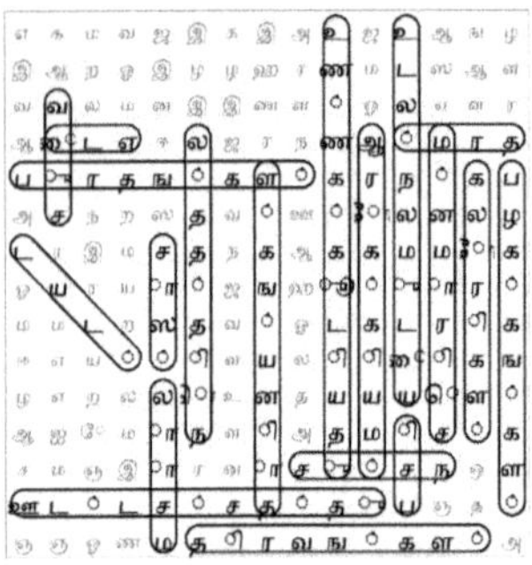

65 - Hiking

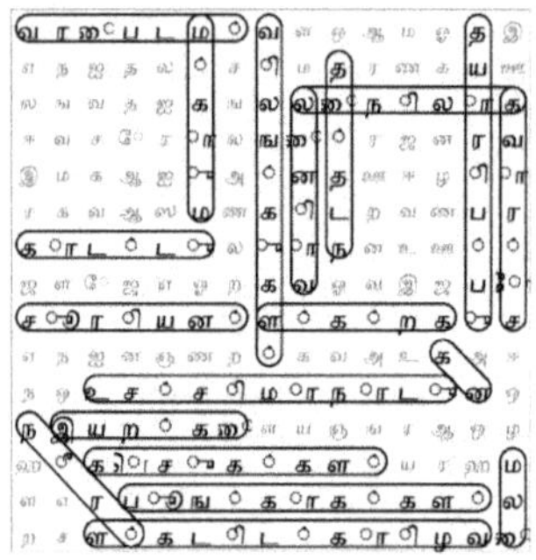

66 - Professions #1

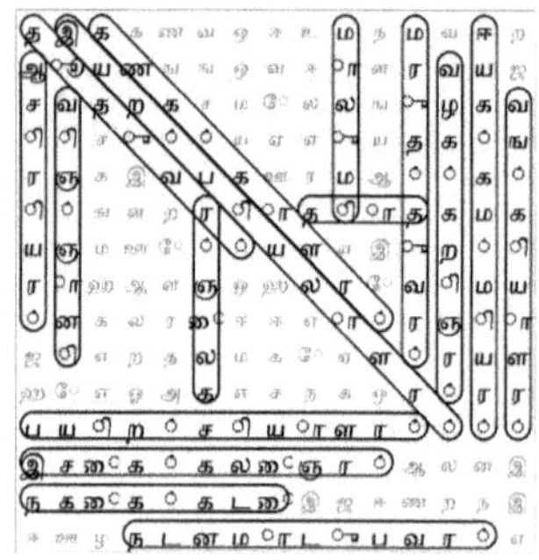

67 - Barbecues

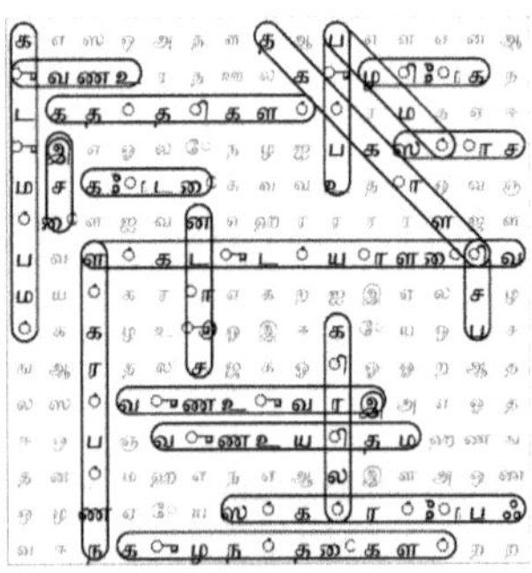

68 - Vegetables

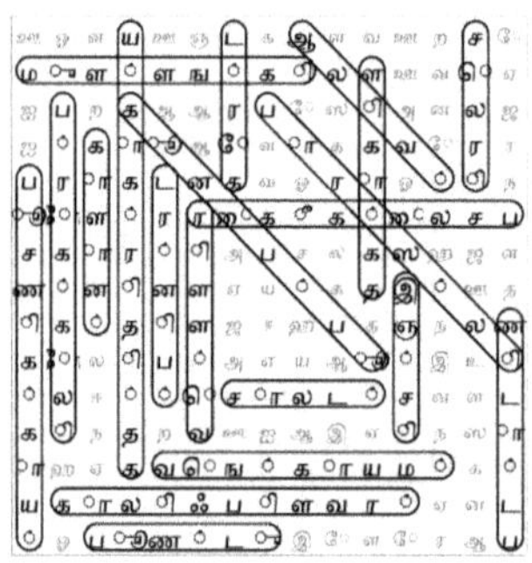

69 - The Media

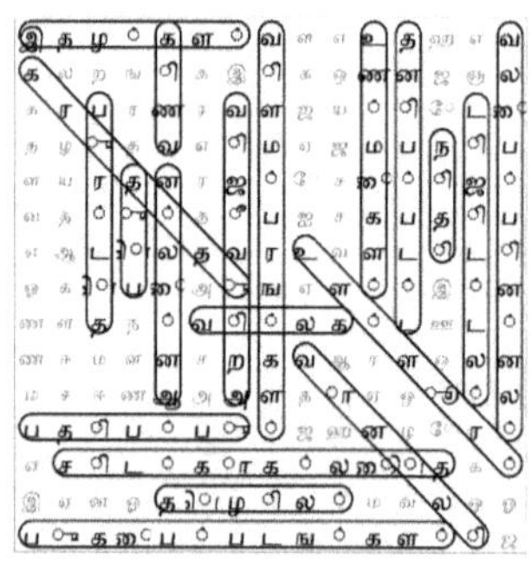

70 - Activities and Leisure

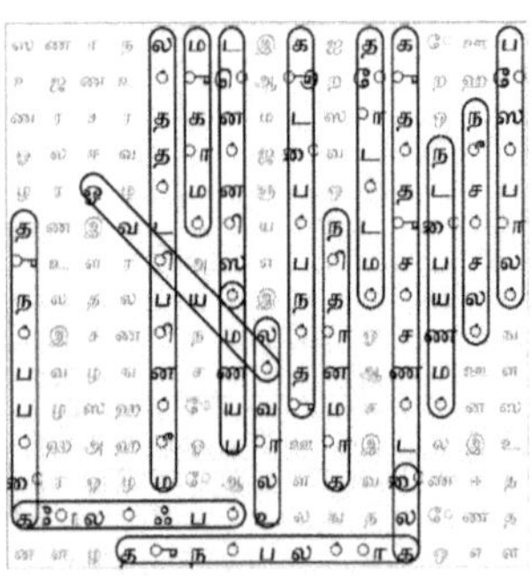

71 - Driving

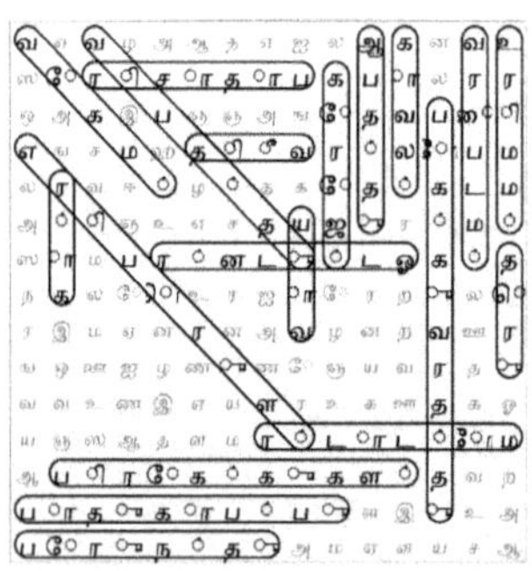

72 - Biology

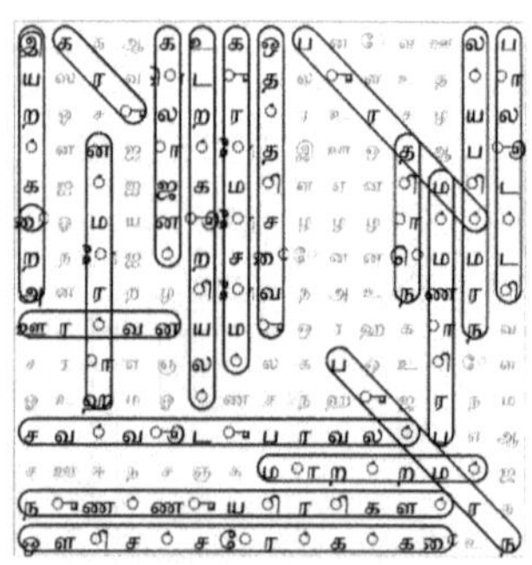

73 - Emotions

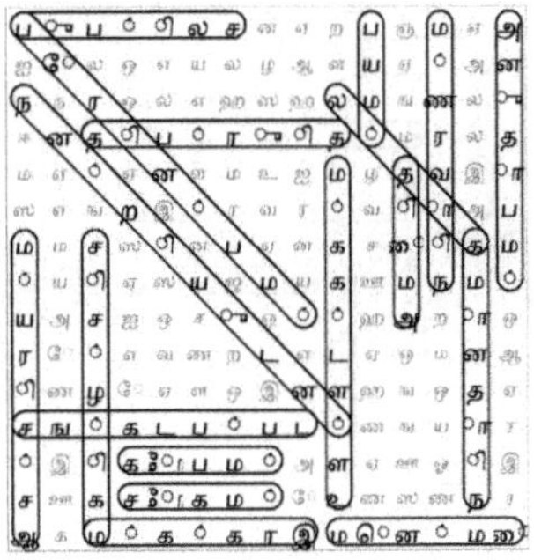

74 - Mythology

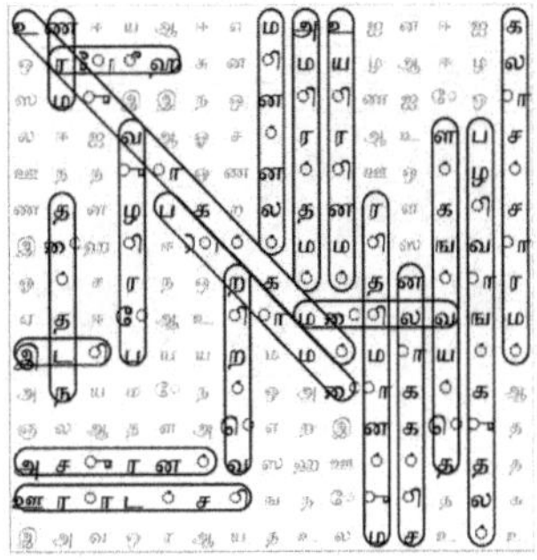

75 - Agronomy

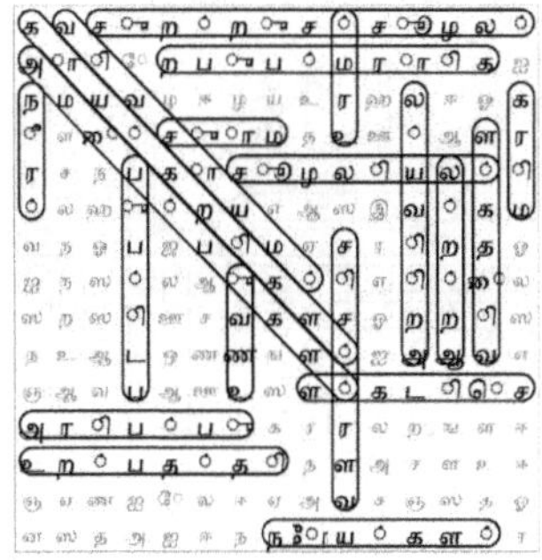

76 - Hair Types

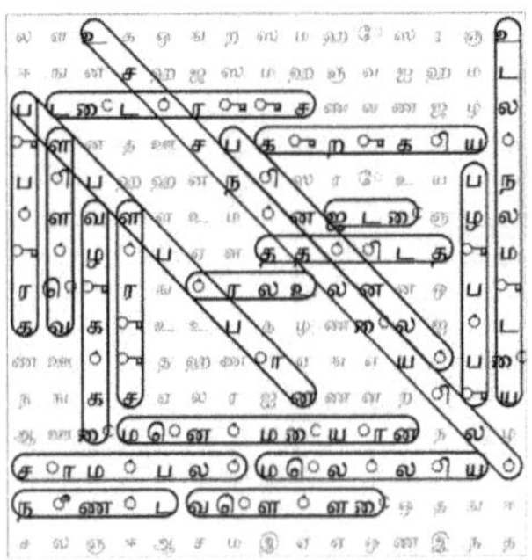

77 - Garden

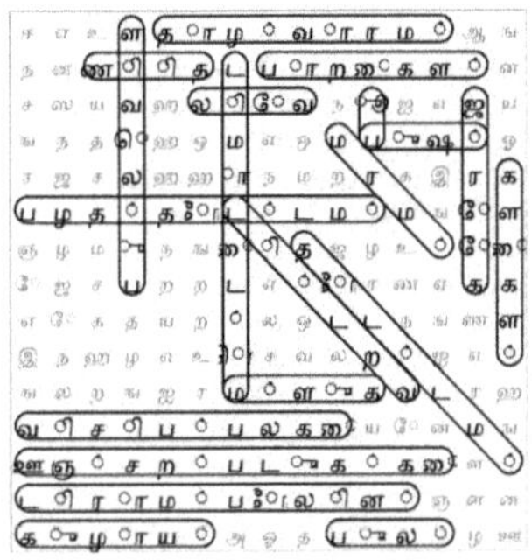

78 - Diplomacy

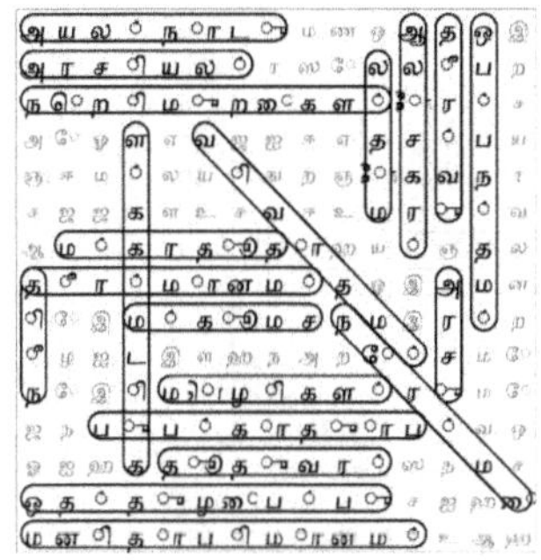

79 - Countries #1

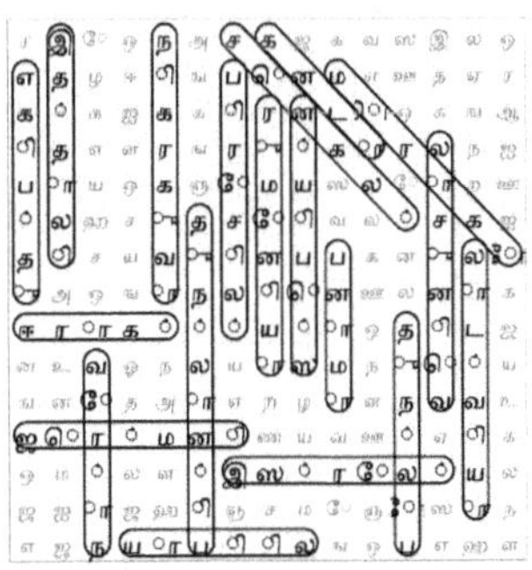

80 - Immigration

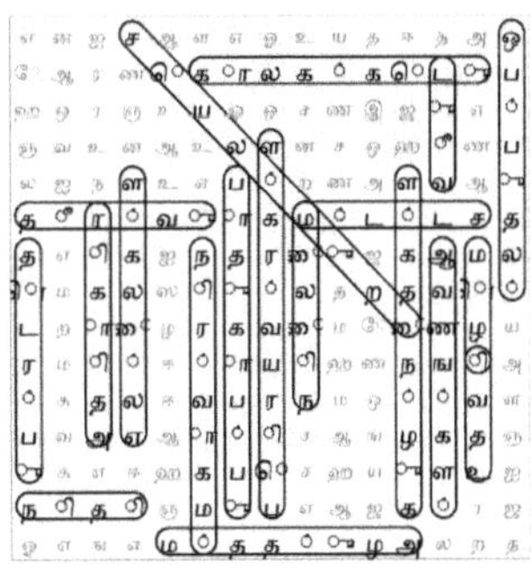

81 - Adjectives #1

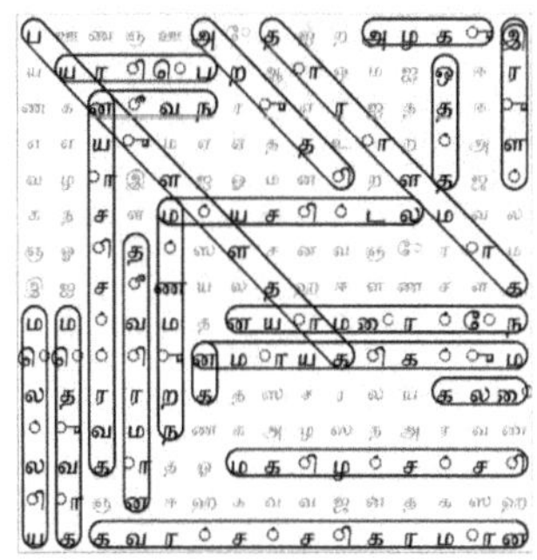

82 - Technology

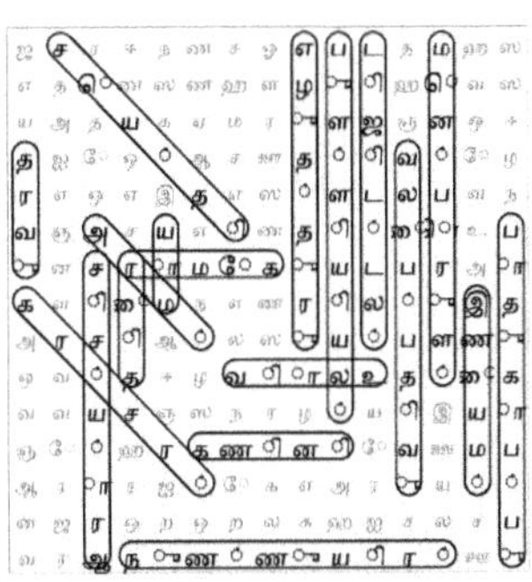

83 - Global Warming

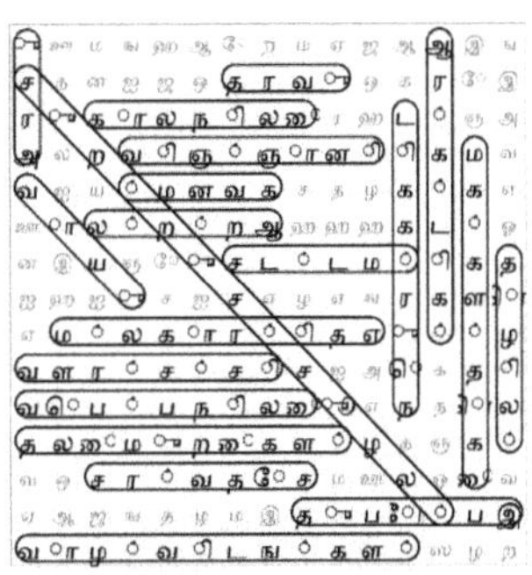

84 - Landscapes

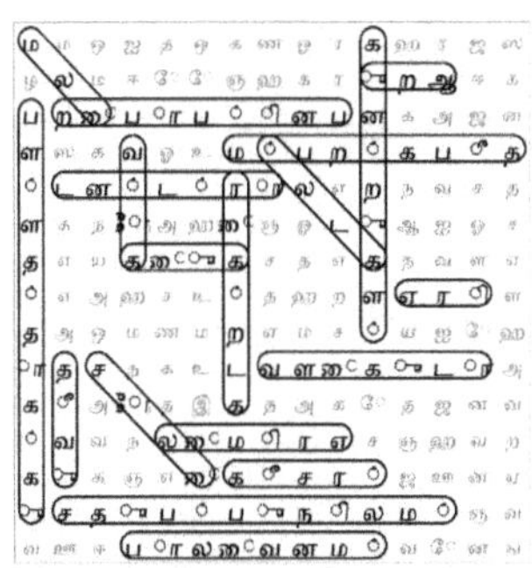

85 - Visual Arts

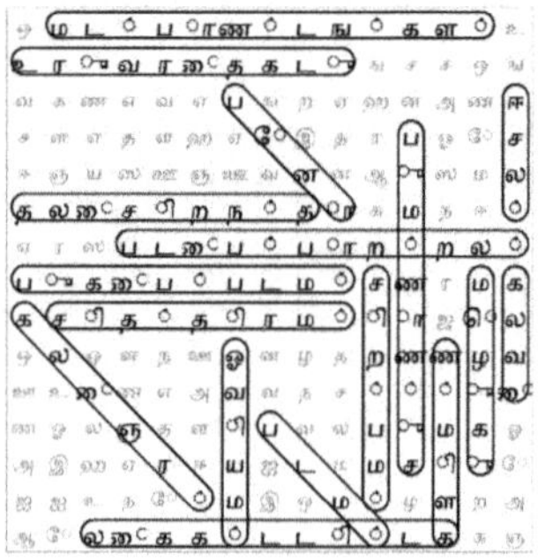

86 - Plants

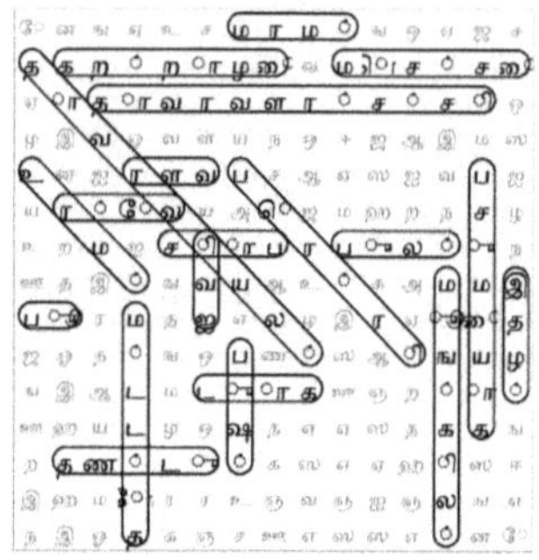

87 - Boxing

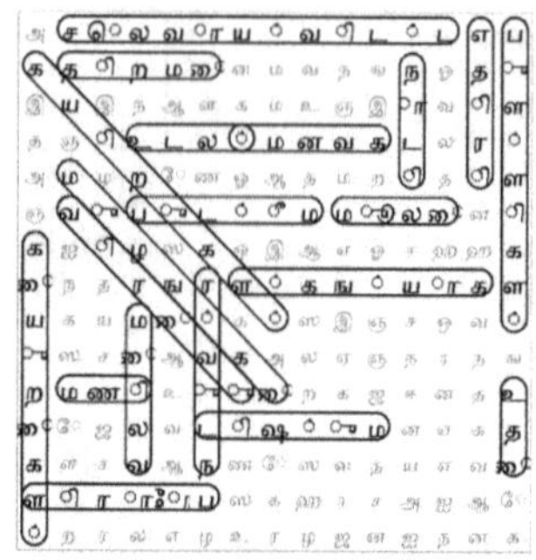

88 - Countries #2

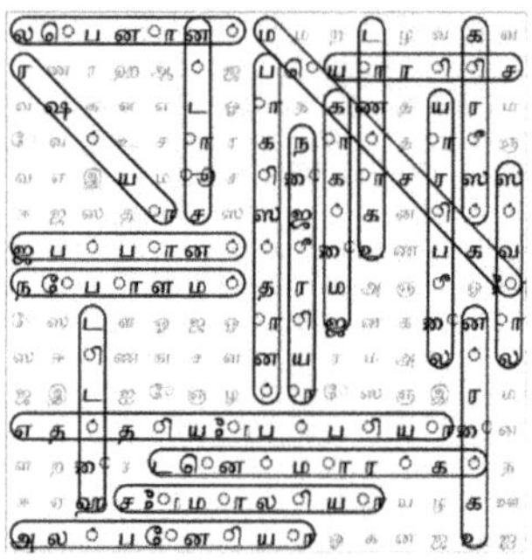

89 - Adjectives #2

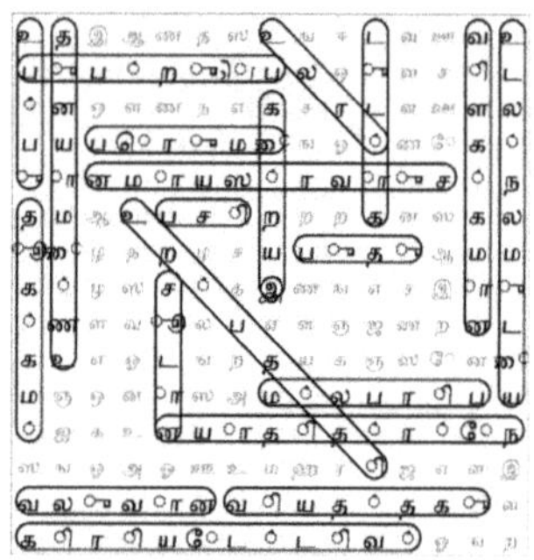

90 - Psychology

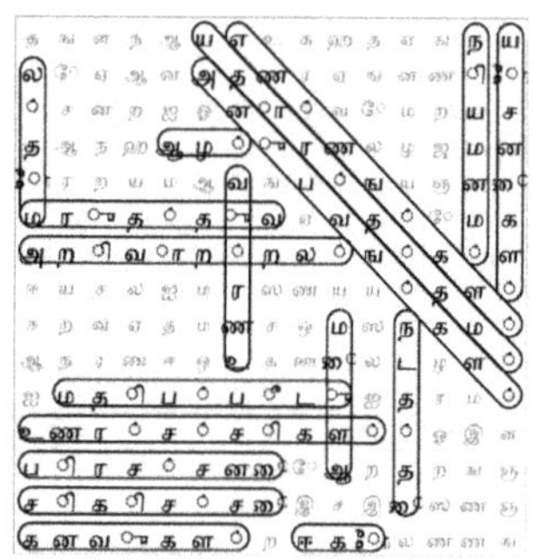

91 - Math

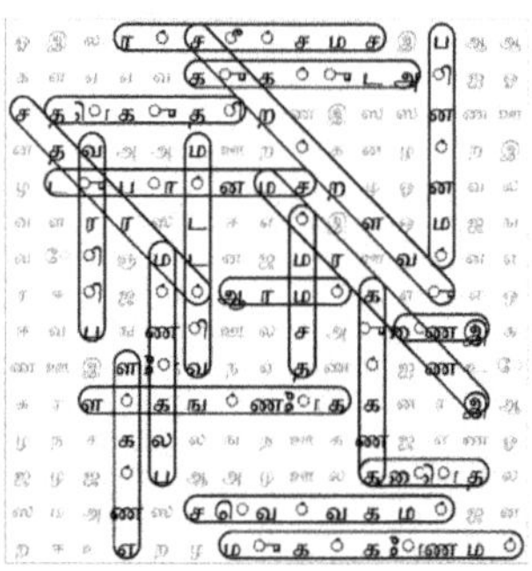

92 - Activities

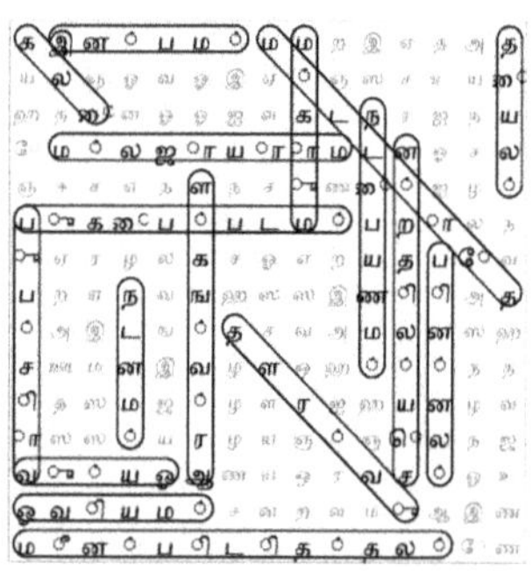

93 - Business

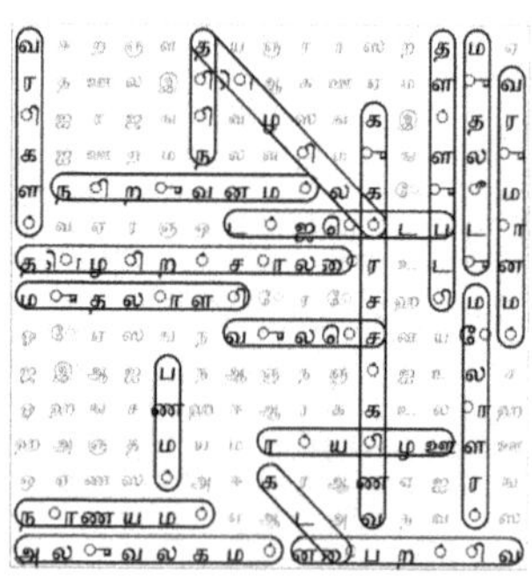

94 - The Company

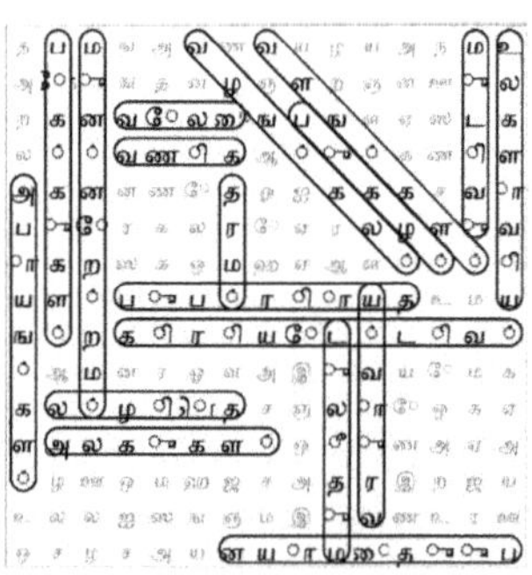

95 - Literature

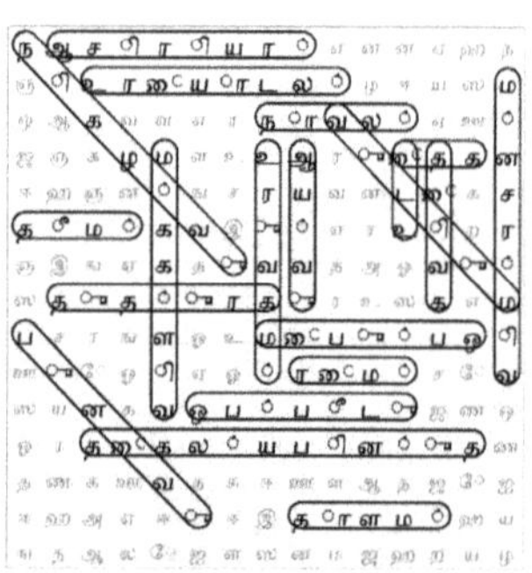

96 - Geography

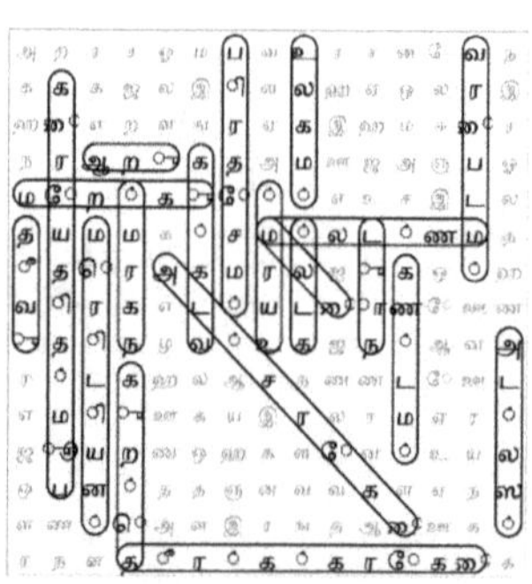

97 - Jazz

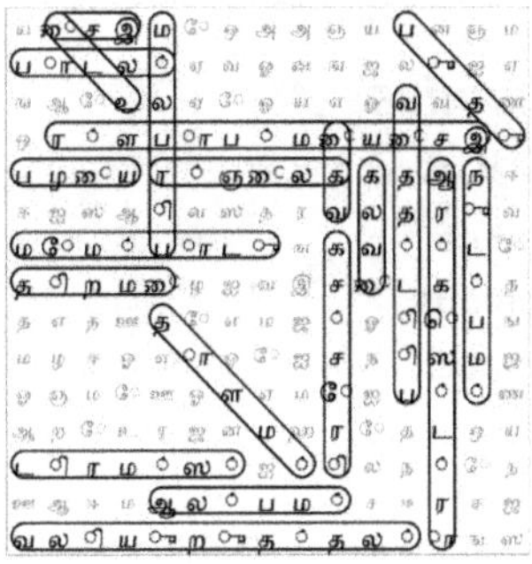

98 - Nature

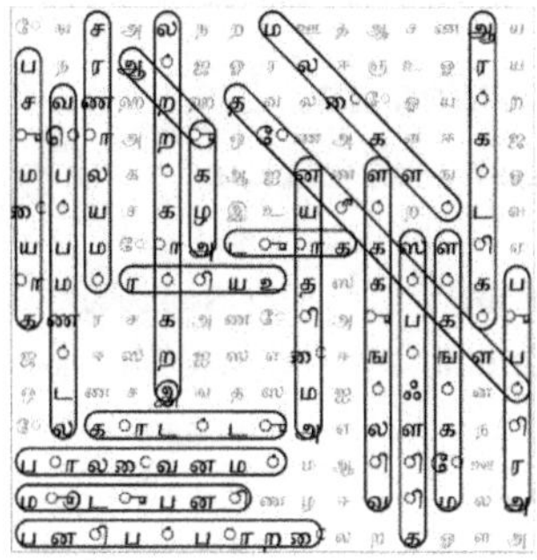

99 - Vacation #2

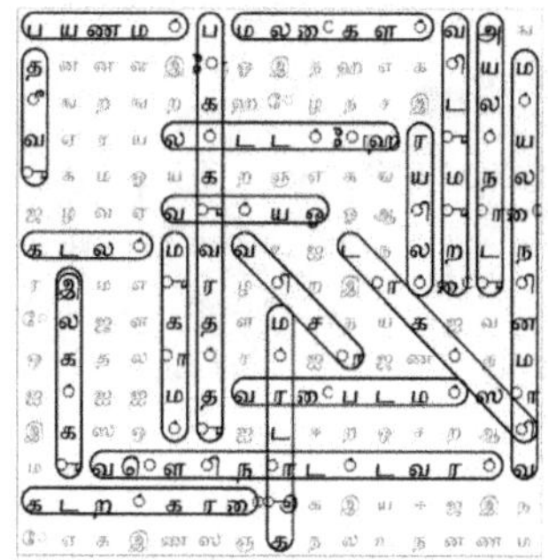

100 - Electricity

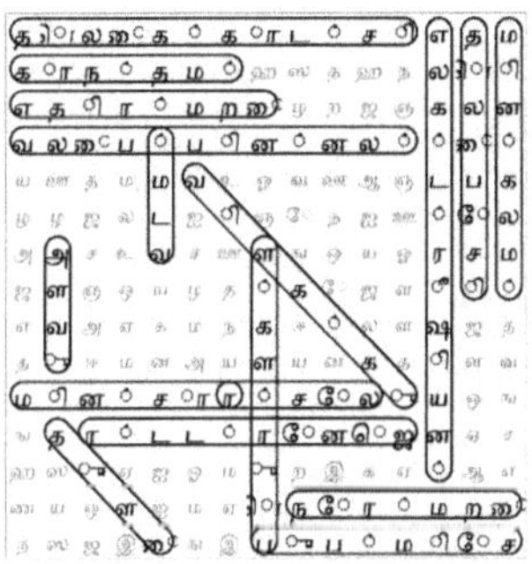

Dictionary

Activities

செயல்பாடுகள்

Activity	செயல்திறன்
Art	கலை
Camping	முகாம்
Dancing	நடனம்
Fishing	மீன்பிடித்தல்
Games	விளையாட்டுகள்
Gardening	தோட்டம்
Hiking	நடைபயணம்
Hunting	வேட்டையாடுதல்
Interests	ஆர்வங்கள்
Knitting	பின்னல்
Leisure	ஓய்வு
Magic	மாயாஜாலம்
Painting	ஓவியம்
Photography	புகைப்படம்
Pleasure	இன்பம்
Reading	வாசிப்பு
Relaxation	தளர்வு
Sewing	தையல்
Skill	திறமை

Activities and Leisure

செயல்பாடுகள் மற்றும் ஓய்

Art	கலை
Baseball	பேஸ்பால்
Basketball	கூடைப்பந்து
Boxing	குத்துச்சண்டை
Camping	முகாம்
Fishing	மீன்பிடித்தல்
Gardening	தோட்டம்
Golf	கோல்ஃப்
Hiking	நடைபயணம்
Painting	ஓவியம்
Relaxing	நிதானமாக
Soccer	கால்பந்து
Surfing	உலாவல்
Swimming	நீச்சல்
Tennis	டென்னிஸ்
Travel	பயணம்
Volleyball	கைப்பந்து

Adjectives #1

உரிச்சொற்கள் #1

Absolute	அறுதி
Ambitious	லட்சியம்
Aromatic	நறுமணம்
Artistic	கலை
Attractive	கவர்ச்சிகரமான
Beautiful	அழகு
Dark	இருள்
Exotic	கவர்ச்சியான
Generous	தாராளமாக
Happy	மகிழ்ச்சி
Heavy	கன
Helpful	பயனுள்ளதாக
Honest	நேர்மையான
Huge	பெரிய
Identical	ஒத்த
Important	முக்கியமான
Modern	நவீன
Serious	தீவிரமான
Slow	மெதுவாக
Thin	மெல்லிய

Adjectives #2
உரிச்சொற்கள் #2

Authentic	உண்மையானது
Creative	கிரியேட்டிவ்
Descriptive	விளக்கமான
Dramatic	வியத்தகு
Dry	உலர்
Elegant	நேர்த்தியான
Famous	பிரபலம்
Healthy	உடல்நலமுடைய
Hot	சூடான
Hungry	பசி
Interesting	சுவாரஸ்யமான
Natural	இயற்கை
New	புது
Productive	உற்பத்தி
Proud	பெருமை
Responsible	பொறுப்பு
Salty	உப்பு
Sleepy	தூக்கம்
Strong	வலுவான
Wild	காட்டு

Adventure
சாகசம்

Activity	செயல்திறன்
Beauty	அழகு
Challenges	சவால்கள்
Chance	வாய்ப்பு
Dangerous	ஆபத்தான
Destination	இலக்கு
Difficulty	சிரமம்
Enthusiasm	உற்சாகம்
Excursion	சுற்றுலா
Friends	நண்பர்கள்
Itinerary	வழி
Joy	மகிழ்ச்சி
Nature	இயற்கை
Navigation	ஊடுருவல்
New	புது
Preparation	தயாரிப்பு
Safety	பாதுகாப்பு
Surprising	ஆச்சரியம்
Travels	பயணங்கள்
Unusual	அசாதாரண

Agronomy
வேளாண்

Agriculture	விவசாயம்
Diseases	நோய்கள்
Ecology	சூழலியல்
Energy	ஆற்றல்
Environment	சுற்றுச்சூழல்
Erosion	அரிப்பு
Fertilizer	உரம்
Food	உணவு
Growth	வளர்ச்சி
Organic	கரிம
Plants	செடிகள்
Pollution	மாசு
Production	உற்பத்தி
Rural	கிராமப்புற
Science	அறிவியல்
Seeds	விதைகள்
Study	படிப்பு
Systems	அமைப்புகள்
Vegetables	காய்கறிகள்
Water	நீர்

Airplanes
விமானங்கள்

Adventure	சாகசம்
Air	காற்று
Atmosphere	வளிமண்டலம்
Balloon	பலூன்
Crew	குழு
Descent	வம்சாவளி
Design	வடிவமைப்பு
Direction	திசை
Engine	இயந்திரம்
Fuel	எரிபொருள்
Height	உயரம்
History	வரலாறு
Hydrogen	ஹைட்ரஜன்
Landing	இறங்கும்
Passenger	பயணி
Pilot	விமானி
Propellers	உந்தி
Sky	வானம்
Weather	வானிலை

Algebra
இயற்கணிதம்

Diagram	வரைபடம்
Division	பிரிவு
Equation	சமன்பாடு
Exponent	அடுக்கு
Factor	காரணி
False	பொய்
Formula	வாய்ப்பாடு
Fraction	பின்னம்
Infinite	எல்லையற்ற
Linear	நேரியல்
Matrix	அணி
Number	எண்
Parenthesis	அடைப்பு
Problem	பிரச்சனை
Quantity	அளவு
Solution	தீர்வு
Solve	தீர்
Subtraction	கழித்தல்
Variable	மாறி
Zero	பூஜ்யம்

Antarctica
அண்டார்டிகா

Bay	விரிகுடா
Birds	பறவைகள்
Clouds	மேகங்கள்
Conservation	பாதுகாப்பு
Continent	கண்டம்
Cove	கோவ்
Environment	சுற்றுச்சூழல்
Expedition	பயணம்
Geography	புவியியல்
Glaciers	பனிப்பாறைகள்
Ice	பனி
Islands	தீவுகள்
Migration	இடம்பெயர்வு
Minerals	கனிமங்கள்
Peninsula	தீபகற்பம்
Rocky	பாறை
Scientific	அறிவியல்
Temperature	வெப்பநிலை
Topography	இடவிளக்கவியல்
Water	நீர்

Antiques

பழம்பொருட்கள்

Art	கலை
Auction	ஏலம்
Authentic	உண்மையானது
Century	நூற்றாண்டு
Coins	நாணயங்கள்
Decorative	அலங்காரமானது
Elegant	நேர்த்தியான
Furniture	தளபாடங்கள்
Gallery	தொகுப்பு
Investment	முதலீடு
Jewelry	நகை
Old	பழைய
Price	விலை
Quality	தரம்
Restoration	மறுசீரமைப்பு
Sculpture	சிற்பம்
Style	உடை
To Sell	விற்க
Unusual	அசாதாரண
Value	மதிப்பு

Archeology

தொல்லியல்

Analysis	ஆய்வு
Ancient	பண்டைய
Antiquity	தொன்மை
Bones	எலும்புகள்
Civilization	நாகரிகம்
Descendant	வழித்தோன்றல்
Era	சகாப்தம்
Evaluation	மதிப்பீடு
Expert	நிபுணர்
Forgotten	மறந்துவிட்டது
Fossil	படிமம்
Fragments	துண்டுகள்
Mystery	மர்மம்
Objects	பொருள்கள்
Pottery	மட்பாண்டங்கள்
Relic	வாழிட
Team	குழு
Temple	கோயில்
Tomb	கல்லறை
Unknown	தெரியாத

Art Supplies

கலைப் பொருட்கள்

Acrylic	அக்ரிலிக்
Brushes	தூரிகைகள்
Camera	கேமரா
Chair	நாற்காலி
Charcoal	கரி
Clay	களிமண்
Crayons	கிரயோன்கள்
Creativity	படைப்பாற்றல்
Easel	ஈசல்
Eraser	அழிப்பான்
Glue	பசை
Ideas	யோசனைகள்
Ink	மை
Oil	எண்ணெய்
Paper	தாள்
Pencils	பென்சில்கள்
Table	மேசை
Water	நீர்

Astronomy

வானியல்

Asteroid	சிறுகோள்
Constellation	விண்மீன்
Cosmos	அகிலம்
Earth	பூமி
Eclipse	கிரகணம்
Equinox	உத்தராயணம்
Meteor	விண்கல்
Moon	மதி
Nebula	நெபுலா
Observatory	அவதானம்
Planet	கிரகம்
Radiation	கதிர்வீச்சு
Rocket	வாணம்
Satellite	செயற்கைக்கோள்
Sky	வானம்
Solar	சூரிய
Supernova	சூப்பர்நோவா
Telescope	தொலைநோக்கி
Universe	பிரபஞ்சம்
Zodiac	ராசி

Barbecues

பார்பெக்யூக்கள்

Chicken	கோழி
Children	குழந்தைகள்
Dinner	இரவு உணவு
Family	குடும்பம்
Food	உணவு
Forks	ஃபோர்க்ஸ்
Friends	நண்பர்கள்
Fruit	பழம்
Games	விளையாட்டுகள்
Grill	கிரில்
Hot	சூடான
Hunger	பசி
Knives	கத்திகள்
Lunch	மதிய உணவு
Music	இசை
Salt	உப்பு
Sauce	சாஸ்
Summer	கோடை
Tomatoes	தக்காளி
Vegetables	காய்கறிகள்

Beauty

அழகு

Charm	வசீகரம்
Color	நிறம்
Cosmetics	ஒப்பனை
Curls	சுருட்டை
Elegance	நேர்த்தி
Elegant	நேர்த்தியான
Fragrance	மணம்
Grace	அருள்
Lipstick	உதட்டுச்சாயம்
Mascara	மஸ்காரா
Mirror	மிரர்
Oils	எண்ணெய்கள்
Photogenic	ஃபோட்டோஜெனிக்
Products	தயாரிப்புகள்
Scent	வாசனை
Scissors	கத்தரிக்கோல்
Services	சேவைகள்
Shampoo	ஷாம்பு
Skin	தோல்
Stylist	ஒப்பனையாளர்

Biology
உயிரியல்

Anatomy	உடற்கூறியல்
Bacteria	நுண்ணுயிரிகள்
Cell	அறை
Chromosome	குரோமோசோம்
Collagen	கொலாஜன்
Embryo	கரு
Enzyme	நொதி
Evolution	பரிணாமம்
Hormone	ஹார்மோன்
Mammal	பாலூட்டி
Mutation	மாற்றம்
Natural	இயற்கை
Nerve	நரம்பு
Neuron	நரம்பியல்
Osmosis	சவ்வூடுபரவல்
Photosynthesis	ஒளிச்சேர்க்கை
Protein	புரதம்
Reptile	ஊர்வன
Symbiosis	கூட்டுவாழ்வு
Synapse	ஒத்திசைவு

Birds
பறவைகள்

Canary	கனேரி
Chicken	கோழி
Crow	காகம்
Cuckoo	காக்கா
Eagle	கழுகு
Egg	முட்டை
Flamingo	மராளம்
Goose	வாத்து
Gull	கூல்
Hawk	பருந்து
Heron	ஹெரோன்
Ostrich	தீக்கோழி
Parrot	கிளி
Peacock	மயில்
Pelican	பெலிகன்
Penguin	பென்குயின்
Sparrow	குருவி
Stork	நாரை
Swan	அன்னம்
Toucan	டக்கன்

Books
புத்தகங்கள்

Adventure	சாகசம்
Author	ஆசிரியர்
Character	பாத்திரம்
Collection	சேகரிப்பு
Context	தறுவாய்
Duality	இருமை
Epic	காவியம்
Historical	வரலாற்று
Humorous	நகைச்சுவையான
Inventive	கண்டுபிடிப்பு
Literary	இலக்கிய
Novel	நாவல்
Page	பக்கம்
Poetry	கவிதை
Reader	வாசகர்
Relevant	தொடர்புடைய
Series	தொடர்
Story	கதை
Tragic	சோக
Written	எழுதப்பட்டது

Boxing
குத்துச்சண்டை

Bell	மணி
Body	உடல்
Chin	நாடி
Corner	மூலை
Elbow	முழங்கை
Exhausted	செலவாய்விட்ட
Fighter	போராளி
Fist	முஷ்டி
Focus	கவனம்
Gloves	கையுறைகள்
Injuries	காயங்கள்
Kick	உதை
Opponent	எதிரி
Points	புள்ளிகள்
Quick	விரைவு
Recovery	மீட்பு
Referee	நடுவர்
Ropes	கயிறுகள்
Skill	திறமை
Strength	வலிமை

Buildings
கட்டிடங்கள்

Apartment	தனி அறை
Barn	களஞ்சியம்
Cabin	கேபின்
Castle	கோட்டை
Cinema	திரைப்படம்
Embassy	தூதரகம்
Factory	தொழிற்சாலை
Farm	பண்ணை
Garage	கரேஜ்
Hospital	மருத்துவமனை
Hotel	ஹோட்டல்
House	வீடு
Laboratory	ஆய்வுக்கூடம்
Observatory	அவதானம்
School	பள்ளி
Stadium	அரங்கம்
Tent	கூடாரம்
Theater	அரங்கு
Tower	கோபுரம்
University	பல்கலைக்கழகம்

Business
வணிகம்

Budget	பட்ஜெட்
Career	தொழில்
Company	நிறுவனம்
Cost	செலவு
Currency	நாணயம்
Discount	தள்ளுபடி
Economics	பொருளாதாரம்
Employee	ஊழியர்
Employer	முதலாளி
Factory	தொழிற்சாலை
Finance	நிதி
Income	வருமானம்
Investment	முதலீடு
Manager	மேலாளர்
Merchandise	வணிகச்சரக்கு
Money	பணம்
Office	அலுவலகம்
Sale	விற்பனை
Shop	கடை
Taxes	வரிகள்

Camping
முகாம்

Adventure	சாகசம்
Animals	விலங்குகள்
Cabin	கேபின்
Canoe	வள்ளம்
Compass	திசைகாட்டி
Fire	தீ
Forest	காடு
Fun	வேடிக்கை
Hammock	ஊஞ்சற்படுக்கை
Hat	தொப்பி
Hunting	வேட்டையாடுதல்
Insect	பூச்சி
Lake	ஏரி
Map	வரைபடம்
Moon	மதி
Mountain	மலை
Nature	இயற்கை
Rope	கயிறு
Tent	கூடாரம்
Trees	மரங்கள்

Chemistry
வேதியியல்

Acid	அமிலம்
Carbon	கரிமம்
Catalyst	ஊக்கியாக
Chlorine	பாசிகம்
Electron	மின்னணு
Enzyme	நொதி
Gas	வாயு
Heat	வெப்பம்
Hydrogen	ஹைட்ரஜன்
Ion	அயன்
Liquid	திரவம்
Metals	உலோகங்கள்
Molecule	மூலக்கூறு
Neutrons	நியூட்ரான்கள்
Nuclear	அணு
Organic	கரிம
Oxygen	பிராணவாயு
Salt	உப்பு
Temperature	வெப்பநிலை
Weight	எடை

Chess
சதுரங்கம்

Black	கருப்பு
Challenges	சவால்கள்
Champion	மல்லன்
Clever	புத்திசாலி
Diagonal	மூலைவிட்டம்
Game	விளையாட்டு
King	ராஜா
Opponent	எதிரி
Passive	செயலற்ற
Player	ஆட்டக்காரர்
Points	புள்ளிகள்
Queen	ராணி
Rules	விதிகள்
Sacrifice	தியாகம்
Strategy	வியூகம்
Time	நேரம்
Tournament	போட்டி
White	வெள்ளை

Clothes
ஆடைகள்

Apron	மேல் உடை
Belt	பெல்ட்
Blouse	ரவிக்கை
Bracelet	வளையல்
Coat	உடுப்பு
Dress	உடை
Fashion	ஃபேஷன்
Gloves	கையுறைகள்
Hat	தொப்பி
Jacket	ஜாக்கெட்
Jeans	ஜீன்ஸ்
Jewelry	நகை
Necklace	நெக்லஸ்
Pants	பேன்ட்
Sandals	செருப்பு
Scarf	தாவணி
Shirt	சட்டை
Shoe	அடிபுதையரணம்
Skirt	பாவாடை
Socks	சாக்ஸ்

Countries #1
நாடுகள் #1

Brazil	பிரேசில்
Canada	கனடா
Egypt	எகிப்து
Finland	பின்லாந்து
Germany	ஜெர்மனி
Iraq	ஈராக்
Israel	இஸ்ரேல்
Italy	இத்தாலி
Latvia	லாட்வியா
Libya	லிபியா
Morocco	மொராக்கோ
Nicaragua	நிகரகுவா
Norway	நார்வே
Panama	பனாமா
Poland	போலந்து
Romania	ருமேனியா
Senegal	செனகல்
Spain	ஸ்பெயின்
Venezuela	வெனிசுலா
Vietnam	வியட்நாம்

Countries #2
நாடுகள் #2

Albania	அல்பேனியா
Denmark	டென்மார்க்
Ethiopia	எத்தியோப்பியா
Greece	கிரீஸ்
Haiti	ஹைட்டி
Jamaica	ஜமைக்கா
Japan	ஜப்பான்
Laos	லாவோஸ்
Lebanon	லெபனான்
Liberia	லைபீரியா
Mexico	மெக்சிகோ
Nepal	நேபாளம்
Nigeria	நைஜீரியா
Pakistan	பாகிஸ்தான்
Russia	ரஷ்யா
Somalia	சோமாலியா
Sudan	சூடான்
Syria	சிரியா
Uganda	உகாண்டா
Ukraine	உக்ரைன்

Creativity

படைப்பாற்றல்

Artistic	கலை
Authenticity	நம்பகத்தன்மை
Clarity	தளிவு
Dramatic	வியத்தகு
Emotions	உணர்ச்சிகள்
Expression	வளிப்பாடு
Feelings	உணர்வுகள்
Fluidity	திரவத்தன்மை
Ideas	யோசனைகள்
Image	படம்
Imagination	கற்பனை
Inspiration	உத்வேகம்
Intensity	தீவிரம்
Intuition	உள்ளுணர்வு
Inventive	கண்டுபிடிப்பு
Sensation	உணர்வு
Skill	திறமை
Spontaneous	தன்னிச்சையான
Visions	தரிசனங்கள்
Vitality	உயிர்

Dance

நடனம்

Academy	அகாடமி
Art	கலை
Body	உடல்
Choreography	ஆடற்கலை
Classical	தொன்மையான
Cultural	கலாசார
Culture	கலாச்சாரம்
Emotion	உணர்ச்சி
Expressive	வளிப்படையான
Grace	அருள்
Joyful	மகிழ்ச்சி
Movement	இயக்கம்
Music	இசை
Partner	பங்குதாரர்
Posture	தோரணை
Rehearsal	ஒத்திகை
Rhythm	தாளம்
Traditional	பாரம்பரியம்
Visual	காட்சி

Days and Months

நாட்கள் மற்றும் மாதங்கள்

April	ஏப்ரல்
August	ஆகஸ்ட்
Calendar	நாட்காட்டி
February	பிப்ரவரி
Friday	வள்ளிக்கிழமை
January	ஜனவரி
July	ஜூலை
March	மார்ச்
Monday	திங்கள்
Month	மாதம்
November	நவம்பர்
October	அக்டோபர்
Saturday	சனிக்கிழமை
September	சப்டம்பர்
Sunday	ஞாயிறு
Thursday	வியாழக்கிழமை
Tuesday	சவ்வாய்க்கிழமை
Wednesday	புதன்
Week	வாரம்
Year	ஆண்டு

Diplomacy

இராஜதந்திரம்

Adviser	ஆலோசகர்
Ambassador	தூதுவர்
Citizens	குடிமக்கள்
Community	சமூகம்
Conflict	மோதல்
Cooperation	ஒத்துழைப்பு
Discussion	விவாதம்
Embassy	தூதரகம்
Ethics	நறிமுறைகள்
Foreign	அயல்நாடு
Government	அரசு
Humanitarian	மனிதாபிமானம்
Integrity	நேர்மை
Justice	நீதி
Languages	மொழிகள்
Politics	அரசியல்
Resolution	தீர்மானம்
Security	பாதுகாப்பு
Solution	தீர்வு
Treaty	ஒப்பந்தம்

Disease

நோய்

Abdominal	வயிறு
Acute	கடுமையான
Allergies	ஒவ்வாமை
Bacterial	பாக்டீரியா
Body	உடல்
Bones	எலும்புகள்
Chronic	நாள்பட்ட
Contagious	தொற்று
Health	ஆரோக்கியம்
Heart	இதயம்
Hereditary	பரம்பரை
Immunity	காப்புடிமை
Inflammation	வீக்கம்
Lumbar	இடுப்பு
Neuropathy	நரம்பியல்
Pulmonary	நுரையீரல்
Syndrome	நோய்க்குறி
Therapy	சிகிச்சை
Weak	பலவீனமான

Driving

ஓட்டுநர்

Accident	விபத்து
Brakes	பிரேக்குகள்
Bus	பேருந்து
Car	கார்
Danger	ஆபத்து
Driver	ஓட்டுனர்
Fuel	எரிபொருள்
Garage	கரேஜ்
Gas	வாயு
License	உரிமம்
Map	வரைபடம்
Motor	மோட்டார்
Pedestrian	பாதசாரி
Police	காவல்
Road	வீதி
Safety	பாதுகாப்பு
Speed	வேகம்
Street	தரு
Traffic	போக்குவரத்து
Tunnel	சுரங்கப்பாதை

Electricity
மின்சாரம்

Battery	மின்கலம்
Cable	வடம்
Electric	மின்சார
Electrician	எலக்ட்ரீஷியன்
Equipment	உபகரணங்கள்
Generator	ஜெனரேட்டர்
Lamp	விளக்கு
Laser	லேசர்
Magnet	காந்தம்
Negative	எதிர்மறை
Network	வலைப்பின்னல்
Objects	பொருள்கள்
Positive	நேர்மறை
Quantity	அளவு
Socket	துளை
Storage	சேமிப்பு
Telephone	தொலைபேசி
Television	தொலைக்காட்சி
Wires	கம்பிகள்

Emotions
உணர்ச்சிகள்

Anger	கோபம்
Bliss	பேரின்பம்
Boredom	சலிப்பு
Content	உள்ளடக்கம்
Embarrassed	சங்கடப்பட
Fear	பயம்
Grateful	நன்றியுடன்
Joy	மகிழ்ச்சி
Kindness	இரக்கம்
Love	காதல்
Peace	அமைதி
Relaxed	நிதானமாக
Relief	நிவாரணம்
Sadness	சோகம்
Satisfied	திருப்தி
Surprise	ஆச்சரியம்
Sympathy	அனுதாபம்
Tenderness	மென்மை
Tranquility	அமைதி

Energy
ஆற்றல்

Battery	மின்கலம்
Carbon	கரிமம்
Diesel	டீசல்
Electric	மின்சார
Electron	மின்னணு
Engine	இயந்திரம்
Entropy	என்ட்ரோபி
Environment	சுற்றுச்சூழல்
Fuel	எரிபொருள்
Gasoline	கல்நெய்
Heat	வெப்பம்
Hydrogen	ஹைட்ரஜன்
Industry	தொழில்
Motor	மோட்டார்
Nuclear	அணு
Photon	போட்டான்
Pollution	மாசு
Steam	நீராவி
Turbine	டர்பைன்
Wind	காற்று

Engineering
பொறியியல்

Angle	மூலை
Axis	அச்சு
Calculation	கணக்கீடு
Depth	ஆழம்
Diagram	வரைபடம்
Diameter	விட்டம்
Diesel	டீசல்
Dimensions	பரிமாணங்கள்
Distribution	விநியோகம்
Energy	ஆற்றல்
Friction	உராய்வு
Levers	நெம்புகோல்கள்
Liquid	திரவம்
Machine	இயந்திரம்
Measurement	அளவு
Motion	இயக்கம்
Motor	மோட்டார்
Stability	ஸ்திரத்தன்மை
Strength	வலிமை
Structure	கட்டமைப்பு

Family
குடும்பம்

Ancestor	மூதாதையர்
Aunt	அத்தை
Brother	அண்ணன்
Child	குழந்தை
Children	குழந்தைகள்
Cousin	உறவினர்
Daughter	மகள்
Father	தந்தை
Grandchild	பேரக்குழந்தை
Grandfather	தாத்தா
Grandmother	பாட்டி
Grandson	பேரன்
Husband	கணவர்
Maternal	தாய்வழி
Mother	அன்னை
Nephew	மருமகன்
Niece	மருமகள்
Paternal	தந்தைவழி
Uncle	மாமா
Wife	மனைவி

Farm #1
பண்ணை #1

Agriculture	விவசாயம்
Bee	தேனீ
Bison	காட்டெருமை
Calf	சதை
Cat	பூனை
Chicken	கோழி
Cow	பசு
Crow	காகம்
Dog	நாய்
Donkey	கழுதை
Fence	வேலி
Fertilizer	உரம்
Field	வயல்
Goat	வெள்ளாடு
Hay	வைக்கோல்
Honey	தேன்
Horse	குதிரை
Rice	அரிசி
Seeds	விதைகள்
Water	நீர்

Farm #2
பண்ணை #2

Animals	விலங்குகள்
Barley	பார்லி
Barn	களஞ்சியம்
Corn	பருப்பு
Duck	வாத்து
Farmer	உழவர்
Food	உணவு
Fruit	பழம்
Irrigation	நீர்ப்பாசனம்
Llama	லாமா
Milk	பால்
Orchard	பழத்தோட்டம்
Ripe	பழுத்த
Sheep	ஆடு
To Grow	வளர
Tractor	டிராக்டர்
Vegetable	காய்கறி
Wheat	கோதுமை

Fashion
ஃபேஷன்

Affordable	மலிவு
Boutique	பூட்டிக்
Buttons	பொத்தான்கள்
Clothing	ஆடை
Elegant	நேர்த்தியான
Embroidery	எம்பிராய்டரி
Expensive	விலையுயர்ந்த
Fabric	துணி
Lace	சரிகை
Measurements	அளவீடுகள்
Minimalist	குறைந்தபட்ச
Modern	நவீன
Modest	எளிய
Original	அசல்
Pattern	முறை
Practical	நடைமுறை
Style	உடை
Texture	அமைப்பு
Trend	போக்கு

Flowers
மலர்கள்

Bouquet	பூச்செண்டு
Clover	க்ளோவர்
Daisy	டெய்சி
Dandelion	டேண்டேலியன்
Gardenia	அனந்தபூர்
Hibiscus	ஹைபிஸ்கஸ்
Jasmine	மல்லிகை
Lavender	லாவெண்டர்
Lilac	இளஞ்சிவப்பு
Lily	லில்லி
Magnolia	மாக்னோலியா
Orchid	ஆர்க்கிட்
Passionflower	பேஷன்ஃப்ளவர்
Peony	பியோனி
Petal	இதழ்
Plumeria	ப்ளூமெரியா
Poppy	பாப்பி
Rose	ரோஜா
Sunflower	சூரியகாந்தி
Tulip	துலிப்

Food #1
உணவு #1

Apricot	வாதுமை பழம்
Barley	பார்லி
Basil	துளசி
Carrot	கேரட்
Cinnamon	இலவங்கப்பட்டை
Garlic	பூண்டு
Juice	ஜூஸ்
Lemon	எலுமிச்சை
Milk	பால்
Onion	வெங்காயம்
Peanut	வேர்க்கடலை
Pear	பேரிக்காய்
Salad	சாலட்
Salt	உப்பு
Soup	சூப்
Spinach	பசலைக்கீரை
Strawberry	ஸ்ட்ராபெர்ரி
Sugar	சர்க்கரை
Tuna	டுனா
Turnip	டர்னிப்

Food #2
உணவு #2

Apple	ஆப்பிள்
Artichoke	கூனைப்பூ
Banana	வாழை
Broccoli	ப்ரோக்கோலி
Celery	செலரி
Cheese	பாலாடைக்கட்டி
Cherry	செர்ரி
Chicken	கோழி
Chocolate	சாக்லேட்
Egg	முட்டை
Eggplant	கத்திரிக்காய்
Fish	மீன்
Grape	திராட்சை
Ham	ஹாம்
Kiwi	கிவி
Mushroom	காளான்
Rice	அரிசி
Tomato	தக்காளி
Wheat	கோதுமை
Yogurt	தயிர்

Force and Gravity
படை மற்றும் ஈர்ப்பு

Axis	அச்சு
Center	மையம்
Discovery	கண்டுபிடிப்பு
Distance	தூரம்
Dynamic	இறக்காற்றல்
Expansion	விரிவாக்கம்
Friction	உராய்வு
Impact	தாக்கம்
Magnetism	காந்தப்புலம்
Magnitude	அளவு
Mechanics	இயக்கவியல்
Motion	இயக்கம்
Orbit	கட்குழி
Physics	இயற்பியல்
Pressure	அழுத்தம்
Properties	கூறு
Speed	வேகம்
Time	நேரம்
Universal	உலகளாவிய
Weight	எடை

Fruit
பழம்

Apple	ஆப்பிள்
Apricot	வாதுமை பழம்
Avocado	வெண்ணெய்
Banana	வாழை
Berry	பெர்ரி
Cherry	செர்ரி
Coconut	தேங்காய்
Fig	படம்
Grape	திராட்சை
Guava	கொய்யாமரம்
Kiwi	கிவி
Lemon	எலுமிச்சை
Mango	மாம்பழம்
Melon	முலாம்பழம்
Nectarine	நெக்டரைன்
Papaya	பப்பாளி
Peach	பீச்
Pear	பேரிக்காய்
Pineapple	அன்னாசி
Raspberry	ராஸ்பெர்ரி

Garden
தோட்டம்

Bench	விசிப்பலகை
Bush	புஷ்
Fence	வேலி
Flower	பூ
Garage	கரேஜ்
Garden	தோட்டம்
Grass	புல்
Hammock	ஊஞ்சற்படுக்கை
Hose	குழாய்
Lawn	புல்வெளி
Orchard	பழத்தோட்டம்
Pond	குளம்
Porch	தாழ்வாரம்
Rake	வறட்டி
Rocks	பாறைகள்
Shovel	திணி
Terrace	மொட்டை மாடி
Trampoline	டிராம்போலின்
Tree	மரம்
Weeds	களைகள்

Gardening
தோட்டம்

Botanical	தாவரவியல்
Bouquet	பூச்செண்டு
Climate	காலநிலை
Compost	உரம்
Container	கொள்கலன்
Dirt	அழுக்கு
Edible	உண்ணக்கூடியது
Exotic	கவர்ச்சியான
Floral	மலர்
Foliage	பசுமையாக
Hose	குழாய்
Leaf	இலை
Moisture	ஈரம்
Orchard	பழத்தோட்டம்
Seasonal	பருவகால
Seeds	விதைகள்
Soil	மண்
Water	நீர்

Geography
புவியியல்

Altitude	உயரம்
Atlas	அட்லஸ்
City	நகரம்
Continent	கண்டம்
Country	நாடு
Equator	பூமத்திய ரேகை
Island	தீவு
Latitude	அட்சரேகை
Longitude	தீர்க்கரேகை
Map	வரைபடம்
Meridian	மெரிடியன்
Mountain	மலை
North	வடக்கு
Region	மண்டலம்
River	ஆறு
Sea	கடல்
South	தெற்கு
Territory	பிரதேசம்
West	மேற்கு
World	உலகம்

Geology
நிலவியல்

Acid	அமிலம்
Calcium	கால்சியம்
Cavern	குகை
Continent	கண்டம்
Coral	பவளம்
Crystals	படிகங்கள்
Cycles	சுழற்சிகள்
Earthquake	பூகம்பம்
Erosion	அரிப்பு
Fossil	படிமம்
Geyser	கீசர்
Layer	அடுக்கு
Minerals	கனிமங்கள்
Molten	உருகிய
Plateau	பீடபூமி
Quartz	குவார்ட்ஸ்
Salt	உப்பு
Stalagmites	ஸ்டாலஜிட்கள்
Stone	கல்
Volcano	எரிமலை

Geometry
வடிவவியல்

Angle	மூலை
Calculation	கணக்கீடு
Circle	வட்டம்
Curve	வளைவு
Diameter	விட்டம்
Dimension	பரிமாணம்
Equation	சமன்பாடு
Height	உயரம்
Logic	தர்க்கம்
Mass	நிறை
Number	எண்
Parallel	இணை
Proportion	விகிதம்
Segment	பிரிவு
Square	சதுரம்
Surface	மேற்பரப்பு
Symmetry	சமச்சீர்
Theory	புனைவு
Triangle	முக்கோணம்
Vertical	செங்குத்து

Global Warming
புவி வெப்பமடைதல்

Arctic	ஆர்க்டிக்
Attention	கவனம்
Climate	காலநிலை
Crisis	நெருக்கடி
Data	தரவு
Development	வளர்ச்சி
Energy	ஆற்றல்
Environmental	சுற்றுச்சூழல்
Future	எதிர்காலம்
Gas	வாயு
Generations	தலைமுறைகள்
Government	அரசு
Habitats	வாழ்விடங்கள்
Industry	தொழில்
International	சர்வதேச
Legislation	சட்டம்
Now	இப்போது
Populations	மக்கள் தொகை
Scientist	விஞ்ஞானி
Temperatures	வெப்பநிலை

Government
அரசு

Citizenship	குடியுரிமை
Civil	சிவில்
Constitution	அரசியலமைப்பு
Democracy	ஜனநாயகம்
Discussion	விவாதம்
District	மாவட்டம்
Equality	சமத்துவம்
Justice	நீதி
Law	சட்டம்
Leader	தலைவர்
Liberty	சுதந்திரம்
Nation	தேசம்
National	தேசிய
Peaceful	அமைதியான
Politics	அரசியல்
Rights	உரிமைகள்
Speech	பேச்சு
State	நிலை
Symbol	சின்னம்

Hair Types
முடி வகைகள்

Bald	வழுக்கை
Black	கருப்பு
Braided	பின்னல்
Braids	ஜடை
Brown	பழுப்பு
Curls	சுருட்டை
Curly	சுருள்
Dry	உலர்
Gray	சாம்பல்
Healthy	உடல்நலமுடைய
Long	நீண்ட
Scalp	உச்சந்தலையில்
Shiny	பளபளப்பான
Short	குறுகிய
Silver	வெள்ளி
Soft	மென்மையான
Thick	தடித்த
Thin	மெல்லிய
White	வெள்ளை

Health and Wellness #1
உடல்நலம் மற்றும் ஆரோக்கி

Bacteria	நுண்ணுயிரிகள்
Bones	எலும்புகள்
Clinic	மருத்துவமனை
Doctor	மருத்துவர்
Habit	பழக்கம்
Height	உயரம்
Hormones	ஹார்மோன்கள்
Hunger	பசி
Injury	காயம்
Medicine	மருந்து
Muscles	தசைகள்
Nerves	நரம்புகள்
Pharmacy	மருந்தகம்
Posture	தோரணை
Reflex	ரிஃப்ளெக்ஸ்
Relaxation	தளர்வு
Skin	தோல்
Supplements	சப்ளிமெண்ட்ஸ்
Treatment	சிகிச்சை
Virus	நுண்ணுயிர்

Health and Wellness #2
உடல்நலம் மற்றும் ஆரோக்கி

Allergy	ஒவ்வாமை
Anatomy	உடற்கூறியல்
Appetite	பசி
Blood	இரத்தம்
Calorie	கலோரி
Dehydration	நீரிழப்பு
Diet	டயட்
Disease	நோய்
Energy	ஆற்றல்
Genetics	மரபியல்
Healthy	உடல்நலமுடைய
Hospital	மருத்துவமனை
Hygiene	சுகாதாரம்
Infection	தொற்று
Massage	மசாஜ்
Mood	மனநிலை
Recovery	மீட்பு
Stress	அழுத்தம்
Vitamin	ஊட்டச்சத்து
Weight	எடை

Herbalism
மூலிகை மருத்துவம்

Aromatic	நறுமணம்
Basil	துளசி
Culinary	சமையல்
Fennel	வெந்தயம்
Flavor	சுவை
Flower	பூ
Garden	தோட்டம்
Garlic	பூண்டு
Green	பச்சை
Ingredient	மூலப்பொருள்
Lavender	லாவெண்டர்
Marjoram	மார்ஜோரம்
Mint	புதினா
Oregano	ஆர்கனோ
Parsley	பார்ஸ்லி
Plant	ஆலை
Quality	தரம்
Rosemary	ரோஸ்மேரி
Saffron	குங்குமப்பூ
Thyme	தைம்

Hiking

மலையேற்றம்

Animals	விலங்குகள்
Camping	முகாம்
Climate	காலநிலை
Guides	வழிகாட்டிகள்
Heavy	கன
Map	வரைபடம்
Mosquitoes	கொசுக்கள்
Mountain	மலை
Nature	இயற்கை
Orientation	நடத்தை
Parks	பூங்காக்கள்
Preparation	தயாரிப்பு
Stones	கற்கள்
Summit	உச்சிமாநாடு
Sun	சூரியன்
Tired	சோர்வாக
Water	நீர்
Weather	வானிலை
Wild	காட்டு

House

மாளிகை

Attic	தூய
Broom	துடைப்பம்
Curtains	திரைச்சீலைகள்
Door	கதவு
Fence	வேலி
Fireplace	பரணி
Floor	தரை
Furniture	தளபாடங்கள்
Garage	கரேஜ்
Garden	தோட்டம்
Keys	விசைகள்
Kitchen	சமையலறை
Lamp	விளக்கு
Library	நூலகம்
Mirror	மிரர்
Roof	கூரை
Room	அறை
Shower	மழை
Wall	சுவர்
Window	ஜன்னல்

Human Body

மனித உடல்

Ankle	கணுக்கால்
Blood	இரத்தம்
Bones	எலும்புகள்
Brain	மூளை
Chin	நாடி
Ear	காது
Elbow	முழங்கை
Face	முகம்
Finger	விரல்
Hand	கை
Head	தலை
Heart	இதயம்
Jaw	தாடை
Knee	முழங்கால்
Leg	கால்
Mouth	வாய்
Neck	கழுத்து
Nose	மூக்கு
Shoulder	தோள்
Skin	தோல்

Immigration

குடியேற்றம்

Administration	நிர்வாகம்
Adults	பெரியவர்கள்
Aid	உதவி
Approval	ஒப்புதல்
Borders	எல்லைகள்
Children	குழந்தைகள்
Communication	தொடர்பு
Deadline	காலக்கெடு
Documents	ஆவணங்கள்
Funding	நிதி
Housing	வீடு
Language	மொழி
Law	சட்டம்
Officer	அதிகாரி
Process	செயல்முறை
Protection	பாதுகாப்பு
Situation	நிலைமை
Solution	தீர்வு
Stress	அழுத்தம்

Jazz

ஜாஸ்

Album	ஆல்பம்
Artist	கலைஞர்
Composer	இசையமைப்பாளர்
Composition	கலவை
Concert	கச்சேரி
Drums	டிரம்ஸ்
Emphasis	வலியுறுத்தல்
Famous	பிரபலம்
Favorites	பிடித்தவை
Genre	வகை
Improvisation	மேம்பாடு
Music	இசை
New	புது
Old	பழைய
Orchestra	ஆர்கெஸ்ட்ரா
Rhythm	தாளம்
Song	பாடல்
Style	உடை
Talent	திறமை
Technique	நுட்பம்

Landscapes

நிலப்பரப்புகள்

Beach	கடற்கரை
Cave	குகை
Cove	கோவ்
Desert	பாலைவனம்
Dunes	குன்றுகள்
Geyser	கீசர்
Gulf	வளைகுடா
Iceberg	பனிப்பாறை
Island	தீவு
Lake	ஏரி
Mountain	மலை
Oasis	சோலை
Peninsula	தீபகற்பம்
River	ஆறு
Sea	கடல்
Swamp	சதுப்புநிலம்
Tundra	டன்ட்ரா
Valley	பள்ளத்தாக்கு
Volcano	எரிமலை
Waterfall	நீர்வீழ்ச்சி

Literature
இலக்கியம்

Analogy	ஒப்புமை
Analysis	ஆய்வு
Anecdote	நிகழ்வு
Author	ஆசிரியர்
Comparison	ஒப்பீடு
Conclusion	முடிவு
Critique	விமர்சனம்
Description	விளக்கம்
Dialogue	உரையாடல்
Fiction	புனைவு
Metaphor	உருவகம்
Narrator	கதை
Novel	நாவல்
Opinion	கருத்து
Poem	கவிதை
Rhyme	ரைம்
Rhythm	தாளம்
Style	உடை
Theme	தீம்
Tragedy	துன்பியல்கதை

Mammals
பாலூட்டிகள்

Bear	தாங்க
Beaver	நீர்நாய்
Bull	காளை
Camel	ஒட்டகம்
Cat	பூனை
Coyote	கொயோட்
Dog	நாய்
Dolphin	டால்பின்
Elephant	யானை
Fox	நரி
Gorilla	கொரில்லா
Horse	குதிரை
Kangaroo	கங்காரு
Lion	சிங்கம்
Monkey	குரங்கு
Rabbit	முயல்
Sheep	ஆடு
Whale	திமிங்கிலம்
Wolf	ஓநாய்
Zebra	வரிக்குதிரை

Math
கணிதம்

Angles	கோணங்கள்
Arithmetic	கணக்கு
Circumference	சுற்றளவு
Decimal	தசமம்
Diameter	விட்டம்
Division	பிரிவு
Equation	சமன்பாடு
Exponent	அடுக்கு
Fraction	பின்னம்
Numbers	எண்கள்
Parallel	இணை
Parallelogram	இணைகரம்
Polygon	பலகோணம்
Radius	ஆரம்
Rectangle	செவ்வகம்
Square	சதுரம்
Sum	தொகை
Symmetry	சமச்சீர்
Triangle	முக்கோணம்
Volume	தொகுதி

Measurements
அளவீடுகள்

Byte	பைட்
Centimeter	சென்டிமீட்டர்
Decimal	தசமம்
Degree	பட்டம்
Depth	ஆழம்
Gram	கிராம்
Height	உயரம்
Inch	அங்குலம்
Kilogram	ஆயிரச்சீரெடை
Kilometer	கிலோமீட்டர்
Length	நீளம்
Liter	லிட்டர்
Mass	நிறை
Meter	மீட்டர்
Minute	நிமிடம்
Ounce	அவுன்ஸ்
Ton	டன்
Volume	தொகுதி
Weight	எடை
Width	அகலம்

Meditation
தியானம்

Acceptance	ஏற்பு
Attention	கவனம்
Awake	விழி
Breathing	சுவாசம்
Clarity	தெளிவு
Compassion	இரக்கம்
Emotions	உணர்ச்சிகள்
Gratitude	நன்றி
Habits	பழக்கங்கள்
Happiness	மகிழ்ச்சி
Mental	மனஞ்சார்ந்த
Mind	மனம்
Movement	இயக்கம்
Music	இசை
Nature	இயற்கை
Observation	கவனிப்பு
Peace	அமைதி
Perspective	காட்சிக்கோணம்
Silence	அமைதி
Thoughts	எண்ணங்கள்

Music
இசை

Album	ஆல்பம்
Ballad	நாட்டுப்பாடல்
Classical	தொன்மையான
Harmonic	ஒத்திருக்கிற
Harmony	இணக்கு
Improvise	மேம்படுத்து
Instrument	கருவி
Melody	மெல்லிசை
Microphone	ஒலிவாங்கி
Musical	இசை
Musician	இசைக்கலைஞர்
Opera	ஓபரா
Poetic	கவிதை
Recording	பதிவு
Rhythm	தாளம்
Sing	பாட
Singer	பாடகர்
Vocal	குரல்

Musical Instruments

இசைக்கருவிகள்

Banjo	பான்ஜோ
Bassoon	பாசூன்
Cello	செலோ
Clarinet	கிளாரினெட்
Drum	முழவு
Flute	புல்லாங்குழல்
Guitar	கிட்டார்
Harmonica	ஹார்மோனிகா
Harp	வீணை
Mandolin	மாண்டலின்
Marimba	மரிம்பா
Oboe	ஓபோ
Percussion	தாள
Piano	மென்மையாக
Tambourine	கஞ்சிரா
Trombone	டிராம்போன்
Trumpet	எக்காளம்
Violin	வயலின்

Mythology

புராணம்

Archetype	முன்மாதிரி
Behavior	நடத்தை
Beliefs	நம்பிக்கைகள்
Creation	உருவாக்கம்
Creature	உயிரினம்
Culture	கலாச்சாரம்
Deities	தெய்வங்கள்
Disaster	பேரழிவு
Hero	ஹீரோ
Immortality	அமிர்தம்
Jealousy	பொறாமை
Labyrinth	சிக்கலான
Lightning	மின்னல்
Monster	அசுரன்
Mortal	மரண
Revenge	பழிவாங்குதல்
Strength	வலிமை
Thunder	இடி
Triumphant	வெற்றி
Warrior	ஊராட்சி

Nature

இயற்கை

Animals	விலங்குகள்
Arctic	ஆர்க்டிக்
Beauty	அழகு
Bees	தேனீக்கள்
Cliffs	கிளிஃப்ஸ்
Clouds	மேகங்கள்
Desert	பாலைவனம்
Dynamic	இறக்காற்றல்
Erosion	அரிப்பு
Fog	மூடுபனி
Foliage	பசுமையாக
Forest	காடு
Glacier	பனிப்பாறை
Mountains	மலைகள்
River	ஆறு
Sanctuary	சரணாலயம்
Serene	அமைதியான
Tropical	வெப்பமண்டல
Vital	உயிர்
Wild	காட்டு

Numbers

எண்கள்

Decimal	தசமம்
Eight	எட்டு
Eighteen	பதினெட்டு
Fifteen	பதினைந்து
Five	ஐந்து
Four	நான்கு
Fourteen	பதினான்கு
Nine	ஒன்பது
Nineteen	பத்தொன்பது
One	ஒன்று
Seven	ஏழு
Seventeen	பதினேழு
Six	ஆறு
Sixteen	பதினாறு
Ten	பத்து
Thirteen	பதின்மூன்று
Three	மூன்று
Twelve	பன்னிரண்டு
Twenty	இருபது
Two	இரண்டு

Nutrition

ஊட்டச்சத்து

Appetite	பசி
Balanced	சமநிலைப்பட்ட
Calories	கலோரிகள்
Cereals	தானியங்கள்
Diet	டயட்
Digestion	செரிமானம்
Edible	உண்ணக்கூடியது
Fermentation	நொதித்தல்
Flavor	சுவை
Habits	பழக்கங்கள்
Health	ஆரோக்கியம்
Healthy	உடல்நலமுடைய
Liquids	திரவங்கள்
Proteins	புரதங்கள்
Quality	தரம்
Sauce	சாஸ்
Spices	மசாலா
Toxin	நச்சு
Vitamin	ஊட்டச்சத்து
Weight	எடை

Ocean

பெருங்கடல்

Algae	பாசி
Boat	படகு
Coral	பவளம்
Crab	நண்டு
Dolphin	டால்பின்
Fish	மீன்
Jellyfish	ஜெல்லிமீன்
Octopus	பேய்க்கணவாய்
Oyster	கடற்சிப்பி
Reef	பாய்மடிக்கூறு
Salt	உப்பு
Shark	சுறா
Shrimp	இறால்
Sponge	கடற்பாசி
Storm	புயல்
Tuna	டுனா
Turtle	ஆமை
Waves	அலைகள்
Whale	திமிங்கிலம்

Philanthropy
பரோபகாரம்

Challenges	சவால்கள்
Charity	அறம்
Children	குழந்தைகள்
Community	சமூகம்
Contacts	தொடர்புகள்
Donate	தானம்
Finance	நிதி
Generosity	பெருந்தன்மை
Global	உலகளாவிய
Goals	இலக்குகள்
Groups	குழுக்கள்
History	வரலாறு
Honesty	நேர்மை
Humanity	மானிடம்
Mission	பணி
Need	தேவை
People	மக்கள்
Programs	செய்நிரல்கள்
Public	பொது
Youth	இளைஞர்கள்

Physics
இயற்பியல்

Acceleration	முடுக்கம்
Chaos	குழப்பம்
Chemical	இரசாயனம்
Density	அடர்த்தி
Electron	மின்னணு
Engine	இயந்திரம்
Expansion	விரிவாக்கம்
Experiment	பரிசோதனை
Formula	வாய்ப்பாடு
Frequency	அதிர்வெண்
Gas	வாயு
Magnetism	காந்தப்புலம்
Mass	நிறை
Mechanics	இயக்கவியல்
Molecule	மூலக்கூறு
Nuclear	அணு
Particle	துகள்
Relativity	சார்பியல்
Speed	வேகம்
Universal	உலகளாவிய

Plants
தாவரங்கள்

Bamboo	மூங்கில்
Bean	மொச்சை
Berry	பெர்ரி
Botany	தாவரவியல்
Bush	புஷ்
Cactus	கற்றாழை
Fertilizer	உரம்
Flower	பூ
Foliage	பசுமையாக
Forest	காடு
Garden	தோட்டம்
Grass	புல்
Grow	வளர
Ivy	ஐவி
Moss	பாசி
Petal	இதழ்
Root	வேர்
Stem	தண்டு
Tree	மரம்
Vegetation	தாவர வளர்ச்சி

Professions #1
தொழில்கள் #1

Accountant	கணக்காளர்
Ambassador	தூதுவர்
Artist	கலைஞர்
Attorney	வழக்கறிஞர்
Banker	வங்கியாளர்
Coach	பயிற்சியாளர்
Dancer	நடனமாடுபவர்
Doctor	மருத்துவர்
Editor	ஆசிரியர்
Geologist	புவியியலாளர்
Hunter	வேட்டைக்காரன்
Jeweler	நகைக்கடை
Musician	இசைக்கலைஞர்
Nurse	தாதி
Physicist	இயற்பியலாளர்
Pianist	பியானிஸ்ட்
Plumber	ஈயக்கம்மியர்
Sailor	மாலுமி
Scientist	விஞ்ஞானி
Tailor	தையல்காரர்

Psychology
உளவியல்

Appointment	நியமனம்
Assessment	மதிப்பீடு
Behavior	நடத்தை
Clinical	மருத்துவ
Cognition	அறிவாற்றல்
Conflict	மோதல்
Dreams	கனவுகள்
Ego	ஈகோ
Emotions	உணர்ச்சிகள்
Experiences	அனுபவங்கள்
Ideas	யோசனைகள்
Perception	புலனுணர்வு
Personality	ஆளுமை
Problem	பிரச்சனை
Reality	யதார்த்தம்
Sensation	உணர்வு
Subconscious	ஆழ்
Therapy	சிகிச்சை
Thoughts	எண்ணங்கள்
Unconscious	மயக்கத்தில்

Restaurant #1
உணவகம் #1

Allergy	ஒவ்வாமை
Bowl	கிண்ணம்
Bread	ரொட்டி
Cashier	காசாளர்
Chicken	கோழி
Coffee	காபி
Dessert	இனிப்பு
Food	உணவு
Kitchen	சமையலறை
Knife	கத்தி
Meat	இறைச்சி
Menu	பட்டியல்
Napkin	நாப்கின்
Plate	தட்டு
Reservation	ஒதுக்கீடு
Sauce	சாஸ்
Spicy	காரமான
Waitress	பணியாளர்

Restaurant #2

உணவகம் #2

Beverage	பானம்
Cake	கேக்
Chair	நாற்காலி
Delicious	ருசியான
Dinner	இரவு உணவு
Eggs	முட்டை
Fish	மீன்
Fork	முள் கரண்டி
Fruit	பழம்
Ice	பனி
Lunch	மதிய உணவு
Noodles	நூடுல்ஸ்
Salad	சாலட்
Salt	உப்பு
Soup	சூப்
Spices	மசாலா
Spoon	கரண்டி
Vegetables	காய்கறிகள்
Waiter	வெயிட்டர்
Water	நீர்

Science

அறிவியல்

Atom	அணு
Chemical	இரசாயனம்
Climate	காலநிலை
Data	தரவு
Evolution	பரிணாமம்
Experiment	பரிசோதனை
Fact	உண்மை
Fossil	படிமம்
Gravity	ஈர்ப்பு
Hypothesis	கருதுகோள்
Laboratory	ஆய்வுக்கூடம்
Method	முறை
Minerals	கனிமங்கள்
Molecules	மூலக்கூறுகள்
Nature	இயற்கை
Organism	உயிரினம்
Particles	துகள்கள்
Physics	இயற்பியல்
Plants	செடிகள்
Scientist	விஞ்ஞானி

Science Fiction

அறிவியல் புனைகதை

Atomic	அணு
Books	புத்தகங்கள்
Chemicals	இரசாயனங்கள்
Cinema	திரைப்படம்
Clones	குளோன்கள்
Dystopia	டிஸ்டோபியா
Explosion	வெடிப்பு
Fantastic	அருமை
Fire	தீ
Futuristic	எதிர்காலம்
Galaxy	விண்மீன்
Illusion	மாயை
Imaginary	கற்பனை
Mysterious	மர்மமான
Oracle	ஆரக்கிள்
Planet	கிரகம்
Robots	ரோபோக்கள்
Technology	தொழில்நுட்பம்
Utopia	கற்பனையுலகு
World	உலகம்

Scientific Disciplines

அறிவியல் துறைகள்

Anatomy	உடற்கூறியல்
Archaeology	தொல்லியல்
Astronomy	வானியல்
Biology	உயிரியல்
Botany	தாவரவியல்
Chemistry	வேதியியல்
Ecology	சூழலியல்
Geology	புவியியல்
Linguistics	மொழியியல்
Mechanics	இயக்கவியல்
Meteorology	வானிலை ஆய்வு
Neurology	நரம்பியல்
Nutrition	ஊட்டச்சத்து
Physics	இயற்பியல்
Physiology	உடலியல்
Psychology	உளவியல்
Robotics	எந்திரனியல்
Sociology	சமூகவியல்
Zoology	விலங்கியல்

Shapes

வடிவங்கள்

Arc	நாண்
Circle	வட்டம்
Cone	கூம்பு
Corner	மூலை
Cube	கன
Curve	வளைவு
Cylinder	உருளை
Edges	விளிம்புகள்
Hyperbola	அதிபரவளைவு
Line	வரி
Oval	முட்டை வடிவம்
Polygon	பலகோணம்
Prism	முப்பட்டகம்
Pyramid	பிரமிட்
Rectangle	செவ்வகம்
Round	சுற்று
Side	பக்கம்
Sphere	கோளம்
Square	சதுரம்
Triangle	முக்கோணம்

Spices

மசாலா

Anise	சோம்பு
Cardamom	ஏலக்காய்
Cinnamon	இலவங்கப்பட்டை
Clove	கிராம்பு
Coriander	கொத்தமல்லி
Cumin	சீரகம்
Curry	கறி
Fennel	வெந்தயம்
Flavor	சுவை
Garlic	பூண்டு
Ginger	இஞ்சி
Licorice	லிகோரிஸ்
Nutmeg	ஜாதிக்காய்
Onion	வெங்காயம்
Pepper	மிளகு
Saffron	குங்குமப்பூ
Salt	உப்பு
Sweet	இனிப்பு
Turmeric	மஞ்சள்
Vanilla	வெண்ணிலா

Sport
விளையாட்டு

Ability	திறன்
Body	உடல்
Bones	எலும்புகள்
Coach	பயிற்சியாளர்
Dancing	நடனம்
Diet	டயட்
Endurance	பொறுமை
Goal	இலக்கு
Health	ஆரோக்கியம்
Jogging	ஜாகிங்
Maximize	பெரிதாக்கு
Muscles	தசைகள்
Nutrition	ஊட்டச்சத்து
Program	திட்டம்
Sports	விளையாட்டு
Strength	வலிமை
Stretching	நீட்சி
To Swim	நீந்த

Technology
தொழில்நுட்பம்

Blog	வலைப்பதிவு
Browser	உலாவி
Camera	கேமரா
Computer	கணினி
Cursor	கர்சர்
Data	தரவு
Digital	டிஜிட்டல்
File	அரம்
Font	எழுத்துரு
Internet	இணையம்
Message	செய்தி
Research	ஆராய்ச்சி
Screen	திரை
Security	பாதுகாப்பு
Software	மென்பொருள்
Statistics	புள்ளியியல்
Virtual	மாய
Virus	நுண்ணுயிர்

The Company
நிறுவனம்

Business	வணிக
Creative	கிரியேட்டிவ்
Decision	முடிவு
Employment	வேலை
Global	உலகளாவிய
Industry	தொழில்
Innovative	புதுமையான
Investment	முதலீடு
Possibility	நிகழக்கூடிய
Presentation	வழங்கல்
Product	தயாரிப்பு
Professional	தொழில்முறை
Progress	முன்னேற்றம்
Quality	தரம்
Reputation	புகழ்
Resources	வளங்கள்
Revenue	வருவாய்
Risks	அபாயங்கள்
Trends	போக்குகள்
Units	அலகுகள்

The Media
ஊடகங்கள்

Advertisements	விளம்பரங்கள்
Commercial	வணிக
Communication	தொடர்பு
Digital	டிஜிட்டல்
Edition	பதிப்பு
Education	கல்வி
Facts	உண்மைகள்
Funding	நிதி
Individual	தனிப்பட்ட
Industry	தொழில்
Intellectual	அறிவுஜீவி
Local	உள்ளூர்
Magazines	இதழ்கள்
Network	வலைப்பின்னல்
Online	ஆன்லைன்
Opinion	கருத்து
Photos	புகைப்படங்கள்
Public	பொது
Radio	வானொலி
Television	தொலைக்காட்சி

Time
நேரம்

Before	முன்
Calendar	நாட்காட்டி
Century	நூற்றாண்டு
Clock	கடிகாரம்
Day	நாள்
Decade	பத்தாண்டு
Early	ஆரம்பம்
Future	எதிர்காலம்
Hour	மணி
Minute	நிமிடம்
Month	மாதம்
Morning	காலை
Night	இரவு
Noon	நண்பகல்
Now	இப்போது
Soon	விரைவில்
Today	இன்று
Week	வாரம்
Year	ஆண்டு
Yesterday	நேற்று

Town
நகரம்

Airport	விமான நிலையம்
Bakery	அடுமனை
Bank	வங்கி
Bookstore	புத்தகக் கடை
Cinema	திரைப்படம்
Clinic	மருத்துவமனை
Florist	பூ வியாபாரி
Gallery	தொகுப்பு
Hotel	ஹோட்டல்
Library	நூலகம்
Market	சந்தை
Pharmacy	மருந்தகம்
Restaurant	உணவகம்
Salon	வரவேற்புரை
School	பள்ளி
Stadium	அரங்கம்
Store	கடை
Theater	அரங்கு
University	பல்கலைக்கழகம்

Universe

பிரபஞ்சம்

Asteroid	சிறுகோள்
Astronomy	வானியல்
Atmosphere	வளிமண்டலம்
Darkness	இருள்
Equator	பூமத்திய ரேகை
Galaxy	விண்மீன்
Horizon	அடிவானம்
Latitude	அட்சரேகை
Longitude	தீர்க்கரேகை
Moon	மதி
Orbit	கட்சுழி
Sky	வானம்
Solar	சூரிய
Solstice	சங்கிராந்தி
Telescope	தொலைநோக்கி
Tilt	சாய்
Visible	கட்புலனாகிற
Zodiac	ராசி

Vacation #2

விடுமுறை #2

Airport	விமான நிலையம்
Beach	கடற்கரை
Camping	முகாம்
Destination	இலக்கு
Foreign	அயல்நாடு
Foreigner	வெளிநாட்டவர்
Holiday	விடுமுறை
Hotel	ஹோட்டல்
Island	தீவு
Journey	பயணம்
Leisure	ஓய்வு
Map	வரைபடம்
Mountains	மலைகள்
Passport	கடவுச்சீட்டு
Sea	கடல்
Taxi	டாக்ஸி
Tent	கூடாரம்
Train	ரயில்
Transportation	போக்குவரத்து
Visa	விசா

Vegetables

காய்கறிகள்

Artichoke	கூனைப்பூ
Broccoli	ப்ரோக்கோலி
Carrot	கேரட்
Cauliflower	காலிஃபிளவர்
Celery	செலரி
Cucumber	வெள்ளரி
Eggplant	கத்திரிக்காய்
Garlic	பூண்டு
Ginger	இஞ்சி
Mushroom	காளான்
Olive	ஆலிவ்
Onion	வெங்காயம்
Parsley	பார்ஸ்லி
Pea	பட்டாணி
Pumpkin	பூசணிக்காய்
Radish	முள்ளங்கி
Salad	சாலட்
Spinach	பசலைக்கீரை
Tomato	தக்காளி
Turnip	டர்னிப்

Vehicles

வாகனங்கள்

Airplane	விமானம்
Ambulance	ஆம்புலன்ஸ்
Bicycle	மிதிவண்டி
Bus	பேருந்து
Car	கார்
Caravan	கேரவன்
Engine	இயந்திரம்
Ferry	படகு
Helicopter	ஹெலிகாப்டர்
Motor	மோட்டார்
Raft	மிதவை
Rocket	வாணம்
Scooter	ஸ்கூட்டர்
Subway	சுரங்கப்பாதை
Taxi	டாக்ஸி
Tires	டயர்கள்
Tractor	டிராக்டர்
Train	ரயில்
Van	வான்

Virtues #1

நல்லொழுக்கங்கள் #1

Artistic	கலை
Charming	அழகான
Clean	துப்புரவான
Confident	நம்பிக்கை
Curious	ஆர்வம்
Decisive	தீர்க்கமான
Efficient	திறமையான
Funny	வேடிக்கை
Generous	தாராளமாக
Good	நல்ல
Helpful	பயனுள்ளதாக
Intelligent	புத்திசாலி
Modest	எளிய
Passionate	உணர்ச்சி
Patient	நோயாளி
Practical	நடைமுறை
Reliable	நம்பகமான
Wise	பாண்டித்தியம்

Visual Arts

விசுவக் கலைகள்

Architecture	கட்டிடக்கலை
Artist	கலைஞர்
Chalk	சுண்ணாம்பு
Clay	களிமண்
Composition	கலவை
Creativity	படைப்பாற்றல்
Easel	ஈசல்
Film	படம்
Masterpiece	தலைசிறந்த
Painting	ஓவியம்
Pen	பேனா
Pencil	எழுதுகோல்
Perspective	காட்சிக்கோணம்
Photograph	புகைப்படம்
Portrait	சித்திரம்
Pottery	மட்பாண்டங்கள்
Sculpture	சிற்பம்
Stencil	உருவரைதகடு
Wax	மெழுகு

Weather

வானிலை

Atmosphere	வளிமண்டலம்
Breeze	தென்றல்
Calm	அமைதி
Climate	காலநிலை
Cloud	மேகம்
Drought	வறட்சி
Dry	உலர்
Fog	மூடுபனி
Ice	பனி
Lightning	மின்னல்
Monsoon	பருவமழை
Polar	துருவ
Rainbow	வானவில்
Sky	வானம்
Storm	புயல்
Temperature	வெப்பநிலை
Thunder	இடி
Tornado	சூறாவளி
Tropical	வெப்பமண்டல
Wind	காற்று

Congratulations

You made it!

We hope you enjoyed this book as much as we enjoyed making it. We do our best to make high quality games.
These puzzles are designed in a clever way for you to learn actively while having fun!

Did you love them?

A Simple Request

Our books exist thanks your reviews. Could you help us by leaving one now?

Here is a short link which will take you to your order review page:

BestBooksActivity.com/Review50

MONSTER CHALLENGE!

Challenge #1

Ready for Your Bonus Game? We use them all the time but they are not so easy to find. Here are **Synonyms**!

Note 5 words you discovered in each of the Puzzles noted below (#21, #36, #76) and try to find 2 synonyms for each word.

Note 5 Words from ***Puzzle 21***

Words	Synonym 1	Synonym 2

Note 5 Words from ***Puzzle 36***

Words	Synonym 1	Synonym 2

Note 5 Words from ***Puzzle 76***

Words	Synonym 1	Synonym 2

Challenge #2

Now that you are warmed-up, note 5 words you discovered in each Puzzle noted below (#9, #17, #25) and try to find 2 antonyms for each word. How many lines can you do in 20 minutes?

Note 5 Words from ***Puzzle 9***

Words	Antonym 1	Antonym 2

Note 5 Words from ***Puzzle 17***

Words	Antonym 1	Antonym 2

Note 5 Words from ***Puzzle 25***

Words	Antonym 1	Antonym 2

Challenge #3

Wonderful, this monster  challenge is nothing to you!

Ready for the last one? Choose your 10 favorite words discovered in any of the Puzzles and note them below.

1.	6.
2.	7.
3.	8.
4.	9.
5.	10.

Now, using these words and within a maximum of six sentences, your challenge is to compose a text about a person, animal or place that you love!

Tip: You can use the last blank page of this book as a draft!

Your Writing:

NOTEBOOK:

SEE YOU SOON!

Linguas Classics Team

ENJOY
FREE
GAMES
NOW ON
BESTACTIVITYBOOKS.COM/FREEGAMES

www.ingramcontent.com/pod-product-compliance
Lightning Source LLC
LaVergne TN
LVHW060041210926
848481LV00013B/3919